中国农业科学院
农业经济与发展研究所
研究论丛
第 6 辑

● 本书是国家社会科学基金一般项目"粮食收储制度改革对农户种植决策行为的影响及支持政策优化研究"（项目编号：19BJY156）的研究成果

IAED

Research on Farmers'
Grain–growing
Behavior under the Background of Market–oriented Reform

市场化改革背景下
农户种粮行为研究

刘 慧 ◎ 著

中国财经出版传媒集团

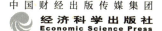

经济科学出版社
Economic Science Press

前　言

本书是笔者主持的国家社会科学基金一般项目"粮食收储制度改革对农户种植决策行为的影响及支持政策优化研究"（项目编号：19BJY156）的研究成果，也是笔者近年来关于中国主要饲料粮品种供给需求与贸易发展研究的一个阶段性成果总结。

种植业是我国农业的基础，调整优化种植结构是推动其高质量发展的重要举措，也是提升农业综合效益和农产品竞争力的现实选择。农户的种植决策行为是诱发种植结构调整的微观基础，种植结构变化是多种因素共同作用于农户对各种农作物供给决策的结果，农产品价格是影响农户种植决策的最关键因素。粮食收储制度改革恢复了市场在农产品价格形成中的决定性作用，通过价格信号引导农户根据市场需求配置农业生产要素，为种植结构调整优化创造了条件，也符合世贸组织相关要求。

2011 年至今，东北地区一直是我国最大的商品粮基地，也是我国最大的玉米、大豆和优质粳稻产区；同时，东北地区还是我国粮食收储制度改革的先行地区，我国政府于 2014 年在东北地区启动大豆目标价格补贴试点，2016 年建立玉米生产者补贴制度，2017 年将大豆目标价格补贴调整为生产者补贴，2018 年实施的稻谷"最低收购价 + 生产者补贴"政策也包括东北地区。那么，面对粮食收储制度改革的冲击，东北地区农户的种植决策行为会发生怎样的变化？这种变化是否有利于种植结构调整优化？如果没有，应如何优化支持政策引导农户种植决策行为？对这些问题的研究，不仅对全国整体的种植结构调整走势产生重要影响，而且对保障我国粮食安全具有重大意义。

本书共 10 章，其中，第 1 章导论、第 2 章粮食收储制度改革对农户种植决策行为的影响及支持政策优化研究的理论基础、第 3 章粮食收储制度改革进展情况、第 10 章粮食收储制度改革的支持政策优化建议这 4 章交代本书的背景、理论基础和研究结论，其余 6 章是主要研究内容。第 4 章粮食收储制度改革以来市场变化情况。利用国家层面的统计数据和文献资料，重点对玉米供需格局变化情况、近期玉米进口增加的驱动因素及中长期供需形势进行分析。第 5 章东北地区种植业结构调整总体情况。利用东北地区省、市、县（区）的统计数据和东北地区玉米结构调整重点区域典型案例，从粮食作物数量（品种结构和区域布局）和质量两个方面来分析 2016～2020 年东北地区种植业结构调整总体情况。第 6 章东北地区玉米供给反应实证研究。利用 2008～2020 年辽宁省、吉林省、黑龙江省三省省级玉米播种面积和出售价格的面板数据，加入替代作物比较效益和取消玉米临时收储政策虚拟变量，基于 Nerlove 模型对玉米供给反应进行实证研究。第 7 章东北地区农户种植决策目标调整实证研究。利用中国农业科学院农业经济与发展研究所中国农村微观经济数据中吉林省 2014 年、2016 年、2018 年、2020 年四期的农户面板调查数据，主要考虑利润、风险、家庭劳动力投入三个目标，构建农户多目标种植决策模型，研究不同类型农户种植决策目标的调整趋势及差异。第 8 章东北地区家庭农场经营行为变化典型案例调查。利用辽宁省朝阳市 H 县以玉米种植为主的 22 家省级示范家庭农场的面板调查数据，重点从玉米种植行为变化情况、玉米销售行为变化情况、质量和风险意识变化情况三个方面研究 2016～2020 年家庭农场经营行为的变化及影响因素。第 9 章东北地区加工企业经营行为变化典型案例调查。利用东北地区 4 家玉米加工企业的面板调查数据，通过分析 2016～2020 年加工企业经营行为的变化来印证农户经营行为。

根据以上研究得出研究结论，并据此提出中央政府制定优化粮食收储制度改革及相关支持政策的对策建议、东北地区地方政府落实粮食收储制度改革及相关支持政策的对策建议。

除了完成笔者主持的国家社会科学基金一般项目"粮食收储制度改革对农户种植决策行为的影响及支持政策优化研究"（项目编号：19BJY156）的研究任务，笔者在研究过程中另一个大的收获是明晰了今后的研究方向。即玉米收储制度改革以来国内外价差缩小，进口玉米价格优势逐渐消失，饲料粮刚性需求成为驱动我国玉米进口规模在 2020 年、2021 年大幅增加的最主要因素，未来我国粮食安全的主要问题是保障畜产品安全供给带来的饲料粮短缺问题。因此，在高水平开放的新阶段，我国饲料粮供给安全的保障问题尚需深入研究。

由于作者水平有限，本书在研究框架设计、研究结论提出等方面还存在不足。

最后，感谢中国农业科学院农业经济与发展研究所对本书出版给予的支持。

刘　慧

2022 年 10 月于北京

目录

Contents

目录
Contents

第1章

导 论

1.1 研究背景和目标

2011 年以来，包括粮食在内的国际农产品价格大幅下跌，而我国的粮食最低收购价格和临时收储价格却逐年提高。一方面，随着农产品市场运行环境的改变，我国粮食等重要农产品进口数量在不断增长，国内市场不断被挤占，库存创历史新高，产量、进口量、库存量"三量齐增"问题日益突出；另一方面，随着财政收入增幅趋缓以及农业补贴日益逼近我国加入世界贸易组织承诺的"黄箱"补贴上限，农业支持保护政策也需要调整和完善。玉米的问题较为突出，2015 年，全国玉米产量为 22458 万吨，同比增加 4.1%，而消费量只有 17500 万吨左右。随着玉米库存不断增加，东北地区新粮收储矛盾和安全储粮压力十分严峻。与此同时，2015 年，我国玉米替代品（大麦、高粱、玉米干酒糟及其可溶物）进口总量却达到 2825.3 万吨的高点。此外，原料价格保持高位，淀粉、酒精、饲料等下游市场产品价格却长期在低位徘徊，深加工企业经营陷入困境，市场活力减弱。

事实上，自 2013 年党的十八届三中全会通过的《中共中央关于全面深化改革若干重大问题的决定》中首次提出完善农产品价格形成机制，注重发挥市场形成价格作用以来，我国政府已经开始对粮食等重要农产品最低收购价政策和临时收储政策进行改革或发出改革信号。2014 年，我国政府率先对东北和内蒙古大豆、新疆棉花开展目标价格补贴试点，被认为是完善农产品价格形成机制的首次探索。玉米作为我国第一大粮食作物，政府 2015 年首次下调临时收储价格，2016 年，在东北三省和内蒙古自治区将玉米临时收储政策调整为生产者补贴制度，被解读为中国农业供给侧结构性改革的突破口。玉米收储制度改革的主要目的之一是恢复市场在农产品价格形成中的决定性作用，通过价格信号引导农户根据市场需求配置农业生产要素，促进种植结构优化。种植结构优化是国家的宏观政策目标，它的微观基础是农户的种植决策行为，如何通过完善支持政策引导农户的微观种植决策行为与国家宏观种植结构优化目标一致是个值得深入研究的问题。

考虑到上述情况，同时也关注到东北地区是我国最大的玉米、大豆和优质粳稻产区，也是我国粮食收储制度改革的先行地区。本书以东北地区（辽宁省、吉林省、黑龙江省）① 为研究区域，重点关注玉米收储制度改革对农户的种植决策行为的影响及支持政策优化问题，以期为中央政府制定优化粮食收储制度改革及相关支持政策、东北地区地方政府落实粮食收储制度改革及相关支持政策提供有价值的信息。

本书的主要目标如下：第一，从数量（品种结构和区域布局）和质量两个层面研究东北地区种植业结构调整总体情况；第二，基于 Nerlove 模型构建供给反应模型研究东北地区玉米结构调整的影响因素；第三，构建农户多目标种植决策模型研究不同类型农户的种植决策目标调整趋势及差异；第四，深入考察以玉米种植为主的家庭农场经营行为的变化及影响因素；第五，通过对玉米加工企业经营行为变化的分析来印证农户的经营行为。

---

① 国家统计局将中国的经济区域划分为东部、中部、西部和东北四大地区。其中，东北地区包括辽宁省、吉林省和黑龙江省。

1.2 研究内容和结构

本书共分十章，在研究内容上按照国家层面、东北地区总体层面、东北地区微观层面逐步深入。其中，第 3 章、第 4 章是国家层面，第 5 章、第 6 章是东北地区总体层面，第 7 章、第 8 章、第 9 章是东北地区微观层面。基于以上三个层面得出研究结论，在第 10 章提出支持政策优化建议。

第 1 章，导论。本章交代了研究背景和目标、研究内容和结构、研究方法。

第 2 章，粮食收储制度改革对农户种植决策行为的影响及支持政策优化研究的理论基础。本章从农户的种植决策行为的相关研究和粮食收储制度改革对东北地区种植结构调整的影响的相关研究两个方面梳理了本书的理论基础。

第 3 章，粮食收储制度改革进展情况。本章梳理了中央政府完善玉米、大豆和稻谷收储制度改革的进展和东北地区地方政府落实情况，及改革初期支持玉米收储制度改革的主要措施在东北地区的落实情况。

第 4 章，粮食收储制度改革以来市场变化情况。本章利用国家层面的统计数据和文献资料，重点对收储制度改革前后玉米供需格局变化情况、近期玉米进口增加的驱动因素及中长期玉米供需形势进行分析。

第 5 章，东北地区种植业结构调整总体情况。本章利用东北地区省、市、县（区）统计数据和东北地区玉米结构调整重点区域典型案例，从粮食作物数量（品种结构和区域布局）和质量两个方面来分析 2016～2020 年东北地区种植业结构调整总体情况。

第 6 章，东北地区玉米供给反应实证研究。本章利用 2008～2020 年辽宁省、吉林省、黑龙江省三省省级玉米播种面积和出售价格的面板数据，加入替代作物比较效益和取消玉米临时收储政策虚拟变量，基于 Nerlove 模型对东北地区玉米供给反应进行实证研究。

第 7 章，东北地区农户种植决策目标调整实证研究。本章利用中国农业科学院农业经济与发展研究所中国农村微观经济数据中吉林省 2014 年、2016 年、2018 年、2020 年四期的农户面板调查数据，主要考虑利润、风险、家庭劳动力投入三个目标，构建农户多目标种植决策模型研究不同类型农户种植决策目标的调整趋势及差异。

第 8 章，东北地区家庭农场经营行为变化典型案例调查。本章利用辽宁省朝阳市 H 县以玉米种植为主的 22 家省级示范家庭农场的面板调查数据，重点从玉米种植行为变化情况、玉米销售行为变化情况、质量和风险意识变化情况三个方面研究其 2016~2020 年经营行为的变化及影响因素。

第 9 章，东北地区加工企业经营行为变化典型案例调查。本章利用东北地区 4 家玉米加工企业的面板调查数据，通过研究其 2016~2020 年经营行为的变化来印证农户的经营行为。

第 10 章，粮食收储制度改革的支持政策优化建议。本章包括主要研究结论、中央政府制定优化粮食收储制度改革及相关支持政策的对策建议、东北地区地方政府落实粮食收储制度改革及相关支持政策的对策建议、创新点及今后研究方向。

1.3 研究方法

根据上述研究内容，本书主要采用文献资料研究法、典型案例研究法、计量模型研究法三种研究方法。

第一，文献资料研究法，主要用来支持完成第 2 章、第 3 章、第 4 章的研究内容。

第二，典型案例研究法，主要用来支持完成第 5 章、第 8 章、第 9 章的研究内容。

第 5 章在分析东北地区玉米区域布局调整情况时，将东北地区玉米种植区域分为优势产区、非优势产区（农牧交错区和冷凉区）。其中，优势产区选择辽宁省沈阳市、吉林省四平市、黑龙江省哈尔滨市，农牧交错区选择辽宁省朝阳市、吉林省白城市，冷凉区选择吉林省延边朝鲜族自治州、黑龙江省黑河市。

第8章以辽宁省朝阳市H县以玉米种植为主的22家省级示范家庭农场为典型案例，研究其2016~2020年经营行为的变化及影响因素。

第9章以东北地区4家玉米加工企业为典型案例，通过分析其2016~2020年经营行为的变化来印证农户的经营行为。

第三，计量模型研究法，主要用来支持完成第6章、第7章的研究内容。

Nerlove模型基于价格预期并考虑了动态调整的刚性，主要用于根据时间序列数据预测农产品的长期供给弹性，在所有用来估计农产品供给反应的计量模型中应用最为广泛。第6章运用Nerlove模型对东北地区玉米供给反应进行研究。

基于决策者多目标建立的效用模型比基于单一的利润最大化目标建立的效用模型能更加准确地预测生产者行为，农户是部分参与市场的经济单位，制定农业政策时正确认识目标农户类型的多样性特征有利于缩小政策偏差、提高政策实施效率。第7章运用农户多目标种植决策模型研究对小农户和规模经营农户种植决策目标的变化进行研究。

第2章

粮食收储制度改革对农户种植决策行为的影响及支持政策优化研究的理论基础

粮食收储制度改革是国家宏观政策目标，它的微观基础是农户种植决策行为。国外关于农户种植决策行为的研究起步较早、研究成果丰富，主要集中在农户模型、农户类型划分、农户种植决策行为的影响因素三个方面。粮食收储制度改革对东北地区种植结构调整的影响的研究主要集中在国内，可以概括为粮食收储制度改革进展与发展趋势、粮食收储制度改革对东北地区农户种植决策行为的影响、东北地区种植结构调整优化对全国种植结构调整走势和粮食安全的影响三个方面。

2.1 农户种植决策行为

2.1.1 农户模型

国外学者对农户行为的研究理论主要分为理性小农学派、组织生产学派、历史学派和社会心理学派（庞辉，2016）。理性小农学派的代表人物是美国学者舒尔茨（Schultz，1964），认为市场是完全竞争的，小农以获取利润最大化为目标配置生产要素，会在边际收益等于边际产出时停止劳动，其生产行为是"贫穷而有效率"。组织生产学派的代表人物是苏联学者恰亚诺夫（Chayanov，1966），认为小农是非理性的，其生产行为是由劳动的投入和消费的满足两个因素决定，即是以增加劳动带来的"劳动辛苦程度"与产品增加带来的"消费满足感"之间的均衡来决定的。历史学派的代表人物是美籍华裔学者黄宗智（2000），认为不同类型的农户有着不同的经营目标，仅从经济理性的角度分析农户的生产行为是不科学的，根据经营目标划分的不同类型的农户对待风险的态度也不同。社会心理学中的计划行为理论认为，行为意向是决定行为的直接因素，而行为意向又受态度、主观规范和知觉行为控制的影响（Ajzen，1991），目前计划行为理论已广泛应用于研究农户非经济目标行为。随着对农户行为理论研究的深入和经济发展、政策干预等因素的变化，农户追求的目标也在变化，但是认为农户追求最优化决策已成为多种农户行为理论的一个共同点（Taylor et al.，2003）。农户决策行为是农户根据农业生产、农村生计和自然资源等相互联系的多维约束条件做出的反应。

基于农户行为理论建立的农户模型被广泛运用于分析农户在社会、经济、市场、政策等因素变化下的不同反应。农户模型起源于20世纪20年代苏联学者恰亚诺夫的小农模型，主要用来研究苏联农民对劳动力在工作与休闲之间的时间分配行为，认为农民对某项活动的劳动时间投入直到农户评价的边际非效用等于所获得商品的边际效用时才停止。虽然恰亚诺夫的小农模型受当时历史条件的限制有许多不足，例如，在市场经济和半市场经济日益发展的情况下，农户分化的原因难以完全归于每个家庭消费者和生产者的不同比例（Hobsbawm，1980）；即使在市场关系不发达的时代，影响农户经济变化的因素也并非主要是人口因素，但是他对小农经济生命力和稳定性的预见仍然是具有开创性的。随着农户行为理论研究的深入，许多学者对农户模型进行了发展和改进（Barnum et al.，1979；Iqbal，

1986）。他们普遍认为，农户除了利润最大化目标外，还考虑规避风险、减少劳动力投入等目标，综合考虑多目标从而使个人效用达到最优（Robinson，1982；Bazzani et al.，2005），多目标决策模型能更真实地描述和预测农户行为（Gómez-Limón et al.，2004），并且农户追求的目标由于经济发展和政策干预等因素权重也慢慢有所变化（Hylenbroeck et al.，2001）。

2.1.2　农户类型划分

考虑到农户的多样性和农户生计的复杂性，学者们研究农户行为时往往先对农户类型进行划分，基于农户行为理论的农户类型划分有助于分类认识农户行为的本质，但是学者们并没有提出一个相对统一的关于农户类型的划分标准。最简单的是以耕地规模作为划分标准，然而耕地规模依赖于不同国家农业生态、人口条件、经济和技术因素等，因而国际上并没有一个相对统一的标准（FAO，2010）。已有的研究中，学者们基于不同的研究目的对农户类型做出了不同的划分。依据农户结构因素指标的聚类分析结果，将农户划分为商业型农户、规模化保守型农户和兼业化保守型农户（Gómez-Limón and Riesgo，2004）。依据农户面临的约束条件强弱，将农户划分为生计农户和商业小农（Fan et al.，2013）。依据 NGO 项目干预前农户出售产品的市场范围，将农户划分为早期连接农户和非早期连接农户（Ayako and Manuel，2017）。依据农业继承和继承的政策驱动因素并以40岁为界，将农户划分为青年农户和老年农户（Leonard et al.，2017）。依据农户市场导向型农业活动参与情况，将农户划分为只租赁耕地的农户、只种植经济作物的农户、同时租赁耕地和种植经济作物的农户（Zhang et al.，2017）。

2.1.3　农户种植决策行为的影响因素

全球约84%的农户耕地面积少于2公顷，这部分农户主要分布在发展中国家（FAO，2014）。因此，国外已有的研究主要集中在分析发展中国家小农户（smallholder farmers）种植决策行为的影响因素。普遍认为，小农户获得资源、市场、公共服务等的能力有限，面对外部冲击时更加脆弱。小农户通常采取多样化种植策略来稳定收入和降低风险，但是多样化种植一般会导致低的生产率（Pope and Prescott，1980），而市场化程度的提高有助于小农户将多样化种植转变为专业化种植来增加收入，即种植符合市场需求的高品质、高价格的农产品（Rapsomanikis，2015）。面对外部的冲击，拥有和获取资源的能力是小农户种植决策行为的主要驱动因素，而社会认知因素，如适应能力和执行适应性行动的感知也是同等重要的影响因素（Singh et al.，2016）。联合国粮食及农业组织（FAO，2013）将影响农户市场化程度提高的因素概括为资源禀赋、技术利用和服务、资金和风险管理工具、农产品数量和质量、社会经济制度五个方面。此外，小农户的发展离不开政府的支持，农业支持政策的重点是纠正市场失灵和投资于公共品，从而提高小农户的市场化水平和抵御风险的能力（Cervantes-Godoy，2015）。确保粮食安全是21世纪发展中国家面临的主要挑战之一。巴西等国的实践证明，政府对农户的支持政策，给农户带来了额外的收入和家庭的经济独立，这有助于农户采用如增加粪肥使用等保护土壤的行为，对于实现环境友好型的粮食安全是一种可行的措施（Berchin et al.，2019）。

2.2 粮食收储制度改革对东北地区种植结构调整的影响

国内关于粮食收储制度改革对东北地区种植结构调整的影响的相关研究主要可以概括为以下三个方面：粮食收储制度改革进展与发展趋势、粮食收储制度改革对东北地区农户种植决策行为的影响、东北地区种植结构调整优化对全国种植结构调整走势和粮食安全的影响。

2.2.1 粮食收储制度改革进展与发展趋势

对农业进行支持保护是国际普遍做法，发达国家在世界贸易组织（World Trade Organization，WTO）框架下不同程度地开始推进农业市场化取向的改革，尽可能地减少使用有严重扭曲市场的补贴措施（OECD，2009；FAO，2011）。对生产和贸易扭曲最严重的市场价格支持（market price support，MPS）依然是经济合作与发展组织（Organization for Economic Co‐operation and Development，OECD）国家和大多数新兴经济体最重要的农业支持措施，但是由于它显著的增加了低收入国家食品工业和消费者成本，应当逐步取消（Balisacan et al.，2015）。尽管农业对美国经济增长贡献逐渐降低，到 2019 年农业占其国内生产总值不足 1%，但美国以提高农民收入、促进农产品出口的农业支持政策目标并没有发生太大变化。美国农业法案演变趋势是逐步放弃政府对农业生产和农产品市场的直接干预，调控手段更加趋于市场化。2014 年农业法案取消了 1996 年开始的对农民的固定直接支付，加强了应对价格下行和收入风险的保障措施（Zulauf and Orden，2014），2018 年农业提升法案基本延续了 2014 年农业法案的做法。美国农业国内支持由"绿箱""黄箱""蓝箱"[①] 支持多元化到以"绿箱"为主、"黄箱"为辅，从 1995 年的 78∶1.2∶20.8 转变为 2016 年的 97∶3∶0（韩杨，2021）。欧盟共同农业政策（common agricultural policy，CAP）改革的方向是从对产品的支持转向更多地关注生产者和环境，尽量降低对市场的直接干预，2013 年改革将市场价格支持（omarket price support，MPS）降至共同农业政策总支出的 5% 以下，2019 年 MPS 只占用于欧盟农业总支出的 4%，2017~2019 年，MPS 仅为 OECD 成员国平均水平的 50%（OECD，2020）。日本基于 2013 年颁布的农业改革法案开始了政策改革，

---

① "绿箱"政策是指那些对生产和贸易不造成扭曲影响或者影响非常微弱的政策；"黄箱"政策是指对生产和贸易有直接扭曲作用的政策，既包括给某个特定农产品提供的支持，也包括不区分具体产品的支持；"蓝箱"政策是指在实行价格支持措施的同时，还限制生产面积、牲畜头数和产品产量的措施。

虽然 MPS 对于稻谷等农产品依然保持较高水平，但是到 2018 年逐步退出稻谷生产的行政分配，迈出了让农民更加自由地对市场信号做出反应的重要一步（OECD，2016）。总体上，2017～2019 年，OECD 成员国对生产和贸易扭曲最严重的支持措施支出占农业总收入的 8.5%，较 2000～2002 年下降了 11%，OECD 成员国国内农产品价格已经从 20 世纪 90 年代中期平均高于国际价格的 30% 下降到 2017～2019 年的 9%，意味着市场信号在农户的决策中发挥着越来越重要的作用（OECD，2020）。

程国强（2016）认为，我国已具备推进粮价政策调整的有利条件，应采取"退出粮价支持 + 种粮收益补贴"组合改革方式，形成以市场定价为基础的粮食价格形成机制、以直接补贴为主体的农民利益保护机制。陈锡文（2016）认为，玉米由市场定价后，小麦、稻谷的改革如不能相继跟进就会破坏粮食品种之间的合理比价关系，会使粮食供求在品种上产生更为严重的结构性矛盾。曹慧等（2017）运用全球农业贸易局部均衡模型（PEATSim）评估了各种最低收购价格调整方案可能产生的影响，建议逐步小幅下调最低收购价格水平，同时尽快探索保护种粮农民收益的长效机制。朱晓乐（2018）认为，粮食收储制度改革虽然取得较大成效，但是还需要进一步深化，建议及时退出加工补贴政策、适度减少籽粒玉米种植面积调减幅度、抓紧研究稻谷和小麦最低收购制度改革、要以去库存和降成本为重点深入推进农业供给侧结构性改革。普蓂喆、钟钰（2019）通过对湖南省、江西省两省和黑龙江省、吉林省两省的两次实地调研，结合走访的 28 家粮食加工企业、合作社、种粮大户和中储粮直属库等调研材料，提出渐进式去库存、多方位放活收储机制、打击粮食走私的"三位一体"政策体系协同发力等政策建议，来缓解粮食收储制度市场化改革的新风险。张晶等（2021）基于 2013～2016 年全国 17 省 176 家小麦和稻谷粮食加工企业的调查数据，认为多元市场主体通过价格传导机制抬高原料粮价格，中型粮食加工企业利润减少最多，建议应坚持完善稻谷和小麦最低收购价政策，加快推进粮食加工企业经营方式转变，并继续深化推进粮食收储制度改革和中央储备粮管理体制改革。武舜臣、胡凌啸（2021）认为，在全球新冠疫情蔓延加剧的当下，国际粮食市场不稳定因素增多，收储制度市场化改革的良好局面备受威胁，建议要在科学判断当前粮情及疫情影响的基础上，妥善利用超常规政策手段，增加政策扶持弹性。

2.2.2 粮食收储制度改革对东北地区农户种植决策行为的影响

粮食收储制度改革对东北地区农户种植决策行为影响的研究主要集中在玉米，可以概括为两个方面。一是对优势产区农户和非优势产区农户种植决策行为的影响不同。改革初期，玉米市场价格大幅下跌，主产区农户收入普遍减少，非优势产区农户则普遍亏损，非优势产区农户减少玉米播种面积的意愿明显高于优势产区农户。学者们就如何引导非优势产区农户调整种植结构，提高优势产区农户种植玉米的积极性提出了政策建议。刘慧等（2018）基于吉林省 359 个农户的调查数据，建议玉米生产者补贴应进一步向优势产区倾斜并提高补贴标准，来提高优势产区农户种植玉米的积极性，建议通过资金、技术等配套政策的支持，提高优势产区农户种植玉米的积极性。刘慧等（2018）基于内蒙古自治区、辽宁省 411 个农户的调查数据，建议应从加强政策宣传、扶持杂粮加工龙头企业、扩大杂粮补贴范围等方面着手，引导北方旱作区农户由种植玉米转向种植杂粮。然而，面对众多制约种植结构调整的因素及 2018 年以来玉米市场价格走高，非优势产区农户又逐步恢复玉米播种面积，部分地区的玉米播种面积甚至超过历史高点 2015 年的水平。学者们就如何巩固非优势产区玉米结构调整成果方面提出了政策建议。许鹤等（2020）以吉林省为例，建议玉米非优势产区应该继续深入落实玉米调减任务，因地制宜地发展适合本地区的农产品，优化种植结构，保障农民收入。刘慧、秦富（2021）以东北三省为例，建议要加大对籽粒玉米替代品种及配套技术研发的支持力度，支持农牧交错区加快建成"杂粮杂豆种植＋加工＋销售一体化"发展模式，支持农牧交错区畜牧业发展带动青贮玉米等饲草料生产，扩大冷凉地区耕地轮作试点规模，充分发挥玉米和大豆生产者补贴政策引导种植结构调整的作用。二是对小农户和新型农业经营主体种植决策行为的影响不同。张雪、周密（2019）以辽宁省玉米种植户为例，认为农户的种植结构调整中存在羊群效应，形成机制主要在于农户之间的学习型模仿和风险分担，且相对于大规模农户而言小规模农户更易表现出羊群效应，要重视新型经营主体对小农户的引领作用。新型农业经营主体中对家庭农场行为的研究最多。阮荣平等（2020）基于全国 1942 个家庭农场两期跟踪调查数据，认为家庭农场玉米种植面积下降的主要原因是总体经营面积的下降而非种植结构的调整，玉米收储制度改革通过风险机制和收益机制影响家庭农场的经营决策，其中起主导作用的是风险机制。刘文霞等（2018）基于全国家庭农场监测数据，认为玉米收储制度改革激发了农业生产主体的市场化行为，反映真实供求关系的市场机制开始对生产和需求发挥调节作用，加入合作社在某种程度上能够降低销售风险。蔡颖萍、杜志雄（2020）利用全国家庭农场监测数据，认为家庭农场土地流转费用会随着玉米种植收益的变化呈现出相应的变化，以平衡实际收益。

2.2.3 东北地区种植结构调整优化对全国种植结构调整走势和粮食安全的影响

2018 年 9 月 25 日，习近平总书记在黑龙江省农垦考察时，意味深长地说："中国粮食！中国饭碗！"① 2011 年至今，东北地区一直是我国最大的商品粮基地，也是我国最大的玉米、优质粳稻和大豆产区。

朱晶等（2013）将粮食"九连增"的贡献因素分解为播种面积、单产水平和结构调整三个部分，并对各部分的增产贡献率进行了测度，认为东北地区是全国粮食种植结构调整幅度最大、贡献也最为显著的区域，占结构调整对全国粮食增产总贡献率的 70%。据国家统计局公告，东北地区成

---

① 习近平感慨北大荒的沧桑巨变"了不起"［EB/OL］. 中央人民政府官网，2018 - 09 - 26.

为全国粮食增长最快、贡献最大的区域，进一步发挥了"大粮仓"和"粮食市场稳压器"的重要作用。并进一步指出，从我国粮食生产历史和当前国家为粮食安全所做的各项举措来看，东北地区始终处在一个极为重要的战略位置，作为我国最大的玉米、优质粳稻和大豆产区，东北地区一直是我国重要的商品粮生产、粮食调运和商品粮储备基地。[①] 丁金梅等（2017）运用粮食产量变化系数、变异系数、空间分析方法研究了中国粮食产量时空演变格局与粮食安全问题，认为 2000 年以来，我国粮食生产重心逐渐由西南向东北偏移，1990～2015 年，东北地区对全国粮食总产的贡献率增幅最高，为 7.75%。王凤等（2018）研究了近 15 年来我国不同区域粮食产量变化特征，并探讨了中国县域粮食生产格局的空间演变、分异特征及影响作用机制，认为粮食高产县数量明显增加，粮食生产重心逐渐向东北偏移，影响粮食产量区域差异的主要影响因素已经由人口和第一产业增加值转变为了耕地面积和农业机械总动力。郑亚楠等（2019）从耕地可持续利用视角研究了我国粮食生产时空演变及其影响因素，认为 1985～2015 年，我国粮食产量主产区逐渐由长江中下游区、江南和华南区向东北区、黄淮海区转移，其中，东北区粮食生产主要受粮食单产、耕地面积等影响。孟召娣、李国祥（2020）研究了我国粮食产需平衡的时空演变规律，并测算了空间自相关性，认为 2013～2018 年，我国粮食高产区增产而低产区减产，粮食生产重心向高产区集中，粮食生产的省域差距持续增加，其中，黑龙江省、吉林省等省份有充足的粮食可输出。

2.3 本章小结

粮食收储制度改革对农户种植决策行为的影响及支持政策优化研究的理论基础包括农户种植决策行为和粮食收储制度改革对东北地区种植结构

---

① 东北地区粮食产量再创新高［EB/OL］. 中央人民政府官网，2015 - 12 - 13.

调整的影响两部分。关于粮食收储制度改革对东北地区种植结构调整影响的研究主要集中在国内研究文献中，总体上可以归纳为改革进展与发展趋势、改革对农户种植决策行为的影响及东北地区种植结构调整优化对全国种植结构调整走势和粮食安全的影响三个方面。关于农户种植决策行为的研究主要集中在国外研究文献中，总体上可以归纳为农户模型、类型划分及种植决策行为的影响因素三个方面。

第一，农户模型起源于 20 世纪 20 年代苏联学者恰亚诺夫（Chayanov）的小农模型，随着农户行为理论研究的深入，许多学者对农户模型进行了发展和改进。考虑到农户的多样性，学者们研究农户行为时往往先对农户类型进行划分，目前国际上并没有一个相对统一的标准。已有的研究中，学者们基于不同的研究目的对农户类型做出了不同的划分，普遍认为，农户综合考虑利润、风险、劳动力投入等多目标从而使个人效用达到最优。

第二，国内学者关于玉米收储制度改革对农户种植决策行为影响的研究可以归纳为以下两个方面。一是改革对优势产区和非优势产区农户的影响存在异质性。改革初期，农户种植玉米的收入随着市场价格大幅下跌普遍减少，其中，非优势产区农户由于亏损较多导致减少玉米播种面积的意愿明显高于优势产区农户。然而，随着 2018 年起玉米市场价格上涨及面对其他不利于种植结构调整的因素，非优势产区农户开始逐步恢复种植玉米。二是对小农户和新型农业经营主体种植决策行为的影响不同。由于农户之间的学习型模仿和风险分担，小规模农户相对于大规模农户更易表现出羊群效应，需要关注新型经营主体的引领作用。

第三，国内学者关于东北地区种植结构调整优化对全国种植结构调整走势和粮食安全的影响的相关研究表明可以概括为三个方面。一是我国粮食生产重心逐渐向东北偏移，影响粮食产量区域差异的主要影响因素已经由人口和第一产业增加值转变为了耕地面积和农业机械总动力。东北地区成为全国粮食增长最快、贡献最大的区域。二是我国粮食高产区增产而低产区减产，粮食生产重心向高产区集中。作为我国最大的玉米、大豆和优质粳稻产区，东北地区一直是我国重要的商品粮生产、粮食调运和商品粮储备基地。三是粮食增产贡献来自播种面积、单产水平和结构调整。东北地区对全国粮食种植结构调整贡献最显著,约占总贡献率的70%。

综上所述,已有的国外关于农户种植决策行为的研究文献为本课题提供了理论和方法依据,已有的国内关于粮食收储制度改革对东北地区种植结构调整的影响的研究文献是本书的重要参考,但是存在三个明显的不足:一是大多仅考虑单一粮食品种收储制度改革的影响,缺乏将不同粮食品种收储制度改革联动起来考虑的研究;二是实证研究大多仅关注东北地区粮食种植面积增减的变化,对质量变化的关注较少;三是农户数据时间跨度较短,不能客观反映农户种植决策行为的动态变化。此外,还需考虑东北地区自然生态条件和农业结构现状存在较大差别,形成了不同粮食品种的优势产区和非优势产区,对于优势产区和非优势产区种植结构调整优化的方向是不同的,粮食收储制度改革具体实施方案及相关支持政策的补贴对象、补贴标准等也是不同的。

第3章

粮食收储制度改革进展情况

粮食收储制度改革以来，随着改革的深化和对经验的总结，中央政府也在不断调整完善相关政策，相继发布了《财政部关于建立玉米生产者补贴制度的实施意见》《关于调整完善玉米和大豆目标价格补贴政策的通知》《关于稻谷补贴的实施意见》《关于完善玉米和大豆生产者补贴政策的通知》《关于调整完善稻谷补贴政策的通知》等，东北地区地方政府据此制订完善了各省（区）的实施方案。此外，在玉米收储制度改革初期，为促进玉米加工转化，引导多元主体积极入市收购，缓解农民"卖粮难"的问题，中央政府、东北地区地方政府相继出台了多项支持玉米收储制度改革的措施。基于此，本章主要从中央、东北地区两个层面梳理玉米、大豆和稻谷收储制度改革进展和落实情况，及改革初期东北地区对中央支持玉米收储制度改革的主要措施的具体落实情况。

3.1 玉米、大豆和稻谷收储制度改革进展和落实情况

临时收储政策通过改变作物比价关系，加剧了东北地区玉米对大豆种植面积的替代，减少的大豆种植面积几乎全部用来种植玉米（马英辉、

蔡海龙，2017）。而稻谷种植对水源条件等要求较高，东北地区稻谷种植主要集中在三江平原、松嫩平原、辽河平原及沿松花江等河流两岸地区（曹丹等，2018）。据此可知，东北地区玉米对大豆的替代性较高，而稻谷对玉米、大豆的替代性相对较低。因此，将玉米、大豆收储制度改革进展和落实情况放在一起分析。

3.1.1　玉米、大豆收储制度改革进展和落实情况

1. 改革背景

稻谷、小麦、玉米、大豆最低收购价政策和临时收储政策分别始自2004年、2006年、2008年、2008年，初衷是保护种粮农民积极性、鼓励主产区粮食生产、保证国家粮食安全，这对于我国粮食产量连增功不可没。然而，伴随着最低收购价和临时收储价逐年提高的是，国际农产品价格自2011年以来大幅下跌。美国农业部报告《粮食：世界市场与贸易》显示，2015/16年度，我国小麦、稻谷、玉米的期末库存分别为8729.5万吨、4768万吨、11349.4万吨，合计约2.5亿吨，主粮库存规模世界第一位。2008~2015年，我国玉米、小麦的期末库存量几乎都翻了一倍，稻谷的期末库存虽然没有出现暴增的情况，与2008/09年度相比，2015/16年度增幅也有约24%。[1] 随着农产品市场运行环境的改变，由于国产粮食价格高于进口粮食到岸完税价格，导致"洋粮入市、国粮入库"的现象日益突出。[2] 随着玉米库存不断增加，东北地区新粮收储矛盾和安全储粮压力十分严峻，与此同时，2015年，玉米替代品（大麦、高粱、玉米干酒糟及其可溶物）（2825.3万吨）和玉米（473万吨）进口总量达到3298.3万吨的高点。[3] 另外，深加工企业面临原料价格高而淀粉等下游市场产品价格却长期在低位徘徊的困境，阻碍了整个产业

---

[1][2]　国家粮油信息中心。
[3]　海关总署官网。

链的持续健康发展。

为此，2015 年我国政府首次下调玉米临时收储价格，内蒙古自治区、辽宁省、吉林省、黑龙江省玉米挂牌收购价调至每斤 1 元，分别比 2014 年降低 0.13 元、0.13 元、0.12 元、0.11 元。2016 年中央一号文件提出，按照"市场定价、价补分离"的原则，积极稳妥推进玉米收储制度改革，在使玉米价格反映市场供求关系的同时，综合考虑农民合理收益、财政承受能力、产业链协调发展等因素，建立玉米生产者补贴制度。随后的政府工作报告再次强调，按照"市场定价、价补分离"原则，积极稳妥推进玉米收储制度改革，保障农民合理收益。2016 年 5 月 20 日，《财政部关于建立玉米生产者补贴制度的实施意见》印发，决定在东北（辽宁省、吉林省、黑龙江省）和内蒙古自治区建立玉米生产者补贴制度；11 月 30 日，《财政部关于建立玉米生产者补贴制度的实施意见》印发，对 2016 年 5 月 20 日发布的《财政部关于建立玉米生产者补贴制度的实施意见》进行了完善。为深入推进农业供给侧结构性改革，推进玉米市场定价、价补分离改革，2017 年 2 月 6 日，《关于推进农业供给侧结构性改革的实施意见》印发，强调要继续推进玉米市场定价、价补分离改革，配合落实好玉米生产者补贴政策。随后印发的《关于调整完善玉米和大豆目标价格补贴政策的通知》提出，国家决定调整大豆目标价格补贴政策，建立大豆生产者补贴制度，并统筹玉米和大豆生产者补贴政策，对玉米和大豆实际种植者给予补贴，实现补贴机制相衔接。为巩固农业供给侧结构性改革成效，在玉米和大豆价格由市场形成的基础上，国家继续在东北三省和内蒙古自治区实施玉米和大豆生产者补贴政策，2020 年，《关于完善玉米和大豆生产者补贴政策》印发，中央财政对有关省（区）玉米补贴不超过 2014 年基期播种面积，大豆补贴面积不超过 2019 年基期播种面积，2020～2022 年保持不变。

2. 玉米生产者补贴制度的基本原则和主要内容

依据《财政部关于建立玉米生产者补贴制度的实施意见》，玉米生产者补贴制度的基本原则和主要内容如下。

（1）基本原则。一是市场定价、价补分离。玉米价格由市场形成，同时中央财政对东北三省和内蒙古自治区给予一定补贴，鼓励地方将补贴资金向优势产区集中，保障优势产区玉米种植收益基本稳定。二是定额补贴、调整结构。在玉米价格由市场形成的基础上，国家对有关省（区）补贴水平保持一致，充分发挥价格对生产的调节引导作用，体现优质优价，促进种植结构调整，推动农业供给侧结构性改革。三是中央支持、省级负责。中央财政将补贴资金拨付至省级财政，并由有关省（区）自主安排，制定具体的补贴实施方案，确定本省（区）的补贴标准、补贴对象、补贴依据等，并负责落实补贴政策、及时兑付补贴资金。四是公开透明、加强监督。补贴资金拨付要做到补贴标准明确、操作流程规范、实施过程透明，充分利用此前粮食直接补贴的工作基础，自觉接受社会有关方面的监督，切实加强组织实施，确保财政补贴资金的安全有效。

（2）主要内容。一是确定中央财政对省（区）的补贴水平和补贴额度。中央财政补贴水平（折算每亩），综合考虑粮食供求平衡、农民种植基本收益、中央财政承受能力、产业链协调发展等因素测算，每年报国务院审定，中央财政对有关省（区）补贴水平保持一致。中央财政对有关省（区）的补助额度根据当年亩均补贴水平与基期各省（区）玉米播种面积测算确定，基期为2014年，2016～2018年三年保持不变。二是省（区）制定补贴实施方案。其一，确定补贴额度。有关省（区）根据中央财政下达的补贴资金、本省财力状况等，确定对本省（区）玉米生产者的补贴额度，允许调剂不超过10%的资金用于种植结构调整。其二，明确补贴范围。有关省（区）结合当地实际制定具体的补贴办法，确定本省（区）的补贴范围、补贴对象、补贴依据、补贴标准等。根据本地实际情况，自主确定补贴的市县、区域，鼓励补贴资金向优势产区集中，可自主确定不纳入补贴的"镰刀弯"地区等非优势产区范围。其三，有关省（区）分别确定分省（区）补贴标准，此标准允许同中央财政补助水平有差异。三是补贴资金的管理与拨付。中央财政提前拨付补贴资金，便于地方更好地制订补贴实施方案。东北三省和内蒙古自治区兑付补贴资金在时间上要做好衔接。玉米生产者补贴纳入粮食风险基金专户管理，与专户内其他补贴资金分账核算，单独反映，不得相互混用。有关省（区）兑付补贴资金要充分利用粮食直补工作基础，按照本省（区）补贴实施方案要求及时下拨补贴资金，并采取"一折（卡）通"等形式将补贴资金足额兑付给玉米生产者。对于土地流转的，补贴资金应发放给实际玉米生产者，如由土地承包者领取的，有关地方政府要引导承包者相应减少土地流转费，真正让玉米生产者受益。

3. 东北地区地方政府落实情况

依据《财政部关于建立玉米生产者补贴制度的实施意见》，2016 年 7 月 29 日，《2016 年黑龙江省玉米生产者补贴实施方案》印发；8 月 1 日，《辽宁省建立玉米生产者补贴制度实施方案》印发。

黑龙江省、辽宁省玉米生产者补贴（制度）实施方案的区别主要体现在以下三个方面。一是种植结构调整资金的提取。黑龙江省政府统筹调剂 10% 的中央定额补贴资金，用于引导和支持种植结构调整，支持玉米生产、流通、仓储、加工和发展畜牧业等。辽宁省省级财政调剂 5% 作为省级种植结构调整资金，用于支持玉米种植结构调整。市级财政根据省核定下达补贴资金额度调剂 5% 作为市级种植结构调整资金，用于配套支持玉米种植结构调整。县级财政不再调剂种植结构调整资金。二是补贴标准的确定。黑龙江省根据中央财政下达本省的玉米生产者补贴资金总额和当年全省玉米合法实际种植面积，确定全省统一补贴标准。辽宁省以县为单位，根据市对县核定下达的当年补贴资金额度，依据县农业部门提供的全县补贴面积测算确定全县统一补贴标准，并向玉米生产者发放补贴资金。补贴标准的确定不受上级财政核定补贴资金额度水平影响，县与县之间允许存在差异。三是补贴资金规模的确定。黑龙江省全省统一补贴标准，不存在对各市的补贴资金规模的确定问题。辽宁省以县为单位制定补贴标准，按照基期统计年鉴公布分市的玉米播种面积 60% 和前三年玉米平均产量40%的权重测算确定各市的补贴资金规模（见表3-1、表3-2）。

表3-1 　　　　　　　《2016年黑龙江省玉米生产者补贴实施方案》核心内容

基本原则和主要内容		具体内容
基本原则	市场定价、价补分离	积极稳妥推进玉米收储制度改革，玉米价格由市场决定，政府对玉米生产者给予一定补贴，生产者随行就市出售玉米，形成购销主体多元化和多渠道流通的市场新格局
	统一标准、保障收益	省级相关部门根据中央财政下达本省的玉米生产者补贴资金总额和当年全省玉米合法实际种植面积，确定全省统一补贴标准，保障农民基本收益
	统筹调整、协同推进	省政府统筹调剂10%的中央定额补贴资金，用于引导和支持种植结构调整，支持玉米生产、流通、仓储、加工和发展畜牧业等
主要内容	补贴对象	本省行政区划范围内玉米合法实际种植面积的实际种植者（包括农民、农民专业合作社、企事业单位等）。玉米合法实际种植面积是指在拥有与村集体、乡级以上政府或有关单位（林业局、地方农牧场等）签订的土地承包、承租或开发使用合同，且用途为非林地、非草原、非湿地的耕地上实际种植玉米的面积
	补贴标准	根据全省玉米生产者补贴资金总额和省统计局、农委核实的玉米合法实际种植面积，测算并确定当年亩均补贴标准
	补贴发放	省级财政部门根据全省玉米生产亩均补贴标准和省统计局、农委函告的分县玉米合法实际种植面积，测算分配补贴资金，并通过粮食风险基金专户将补贴资金直接拨付给各市（地）、（市）县和省农垦总局。各市（地）、县（市）和省农垦总局在接到省级财政部门拨付的补贴资金后15日内，根据同级统计、农业部门函告的补贴对象、玉米合法实际种植面积和亩均补贴标准，通过粮食补贴"一折（卡）通"将补贴资金兑付给补贴对象

资料来源：《2016年黑龙江省玉米生产者补贴实施方案》。

表3-2 　　　　　　　《辽宁省建立玉米生产者补贴制度实施方案》核心内容

基本原则和主要内容		具体内容
基本原则	市场定价、价补分离	积极稳妥推进玉米收储制度改革，玉米价格由市场形成，同时建立玉米生产者补贴制度，对玉米生产者给予一定补贴，保障优势区种粮收益
	差异补贴、调整结构	考虑粮食产能因素分配资金，将补贴资金向高产地区集中，保障优势产区玉米种植收益基本稳定，促进非优势区种植结构调整，充分发挥价格补贴的调节引导作用，推动农业供给侧结构性改革
	明确责任、分级负责	省相关部门按照国家要求制定全省补贴实施方案和补贴资金管理办法；核定各市补贴额度，确定补贴范围、对象、依据、流程和资金管理原则；市、县相关部门要完善补贴制度，落实补贴政策，及时兑付补贴资金

续表

基本原则和主要内容		具体内容
主要内容	调剂种植结构调整资金	根据中央财政下达补贴资金总量，省级财政调剂5%作为省级种植结构调整资金，用于支持玉米种植结构调整；市级财政根据省核定下达补贴资金额度调剂5%作为市级种植结构调整资金，用于配套支持玉米种植结构调整。县级财政不再调剂种植结构调整资金。种植结构调整具体实施方案由省级农业主管部门另行制定并组织实施
	核定补贴额度	省对市补贴额度的核定。省财政根据省对市补贴资金总量，按照基期统计年鉴公布分市的玉米播种面积60%和前三年玉米平均产量40%的权重测算确定各市的补贴额度。测算基期为2014年（即面积为2014年数据，产量为2012~2014年平均数据），且2016~2018年三年保持不变；市对县补贴额度的核定。建议各市根据市对县补贴资金总量，参照省对市办法核定所属县（区）补贴额度。也可结合各地实际情况另行确定对所属县（区）补贴额度核定方法。补贴额度的核定要避免出现所辖县（区）补贴水平畸高畸低现象
	明确补贴范围、对象及标准	补贴范围。实施玉米生产者补贴的范围为全省所有种植玉米的市、县。补贴对象。享受补贴的对象为合法耕地上的玉米实际生产者。对于土地流转的，补贴资金应发放给实际玉米生产者，土地流转合同（协议）有约定的，从其约定。如由土地承包者领取补贴的，有关地方政府要引导承包者相应减少土地流转费用，真正让玉米生产者受益。补贴依据。向玉米生产者发放补贴的依据是生产者当年在合法耕地上实际播种的玉米种植面积，不包括在国家和省已明确退耕土地、未经批准开垦土地或禁止开垦土地上的玉米种植面积，不包括已被政府征用并获得补偿、暂时未能开发使用的耕地上的玉米种植面积。补贴标准。以县为单位，根据市对县核定下达的当年补贴资金额度，依据县农业部门提供的全县补贴面积测算确定全县统一补贴标准，并向玉米生产者发放补贴资金。补贴标准的确定不受上级财政核定补贴资金额度水平影响，县与县之间允许存在差异
	补贴资金发放	各县财政部门根据市财政核定下达的补贴资金额度和县农业主管部门提供的玉米生产者实际种植面积、"一卡通"账号等基本信息，统一测算全县补贴标准，并分解测算玉米生产者分户补贴金额，通过惠农"一卡通"直接将补贴资金及时足额发放到玉米生产者存折账户。不得以现金形式发放补贴；任何单位不得以任何理由代领、代扣、挪用、挤占玉米生产者补贴资金。全部补贴资金发放工务于每年的9月30日（2016年于10月31日）前完成

资料来源：《辽宁省建立玉米生产者补贴制度实施方案》。

依据《财政部关于建立玉米生产者补贴制度的实施意见》《关于调整完善玉米和大豆补贴政策的通知》，2017年5月9日，《黑龙江省玉米和大豆生产者补贴工作实施方案》《辽宁省统筹玉米和大豆生产者补贴政策实

《施方案》印发。黑龙江省、辽宁省玉米和大豆生产者补贴工作（政策）实施方案的区别主要体现在以下两个方面。一是种植结构调整资金的提取。辽宁省根据中央财政当年下达的玉米和大豆生产者补贴资金总量，省级财政调剂5%作为省级种植结构调整资金，用于支持种植结构调整。市级财政按照规定调剂省核定下达的补贴资金额度的5%作为市级种植结构调整资金。县级财政不再调剂种植结构调整资金。黑龙江省没有明确种植结构调整资金的提取比例。二是补贴标准的确定。黑龙江省全省范围内施行统一的玉米和大豆生产者补贴政策，对玉米生产者和大豆生产者分别执行统一的玉米生产者补贴标准和大豆生产者补贴标准。辽宁省各市可按品种统一测算补贴标准，也可以县为单位，根据市对县核定下达的补贴额度，依据县农业部门提供的补贴面积分县确定补贴标准，允许县与县之间存在差异。共同点都是对玉米生产者和大豆生产者实行差异化补贴标准，将补贴资金向优势产区倾斜，促进种植结构调整（见表3-3、表3-4）。

表3-3　　　《黑龙江省玉米和大豆生产者补贴工作实施方案》核心内容

基本原则和主要内容		具体内容
基本原则	市场定价、价补分离	自2017年起将大豆目标价格补贴政策调整为大豆生产者补贴政策，实现玉米和大豆补贴机制相衔接，玉米和大豆价格由市场决定，政府对玉米和大豆生产者给予一定补贴，生产者随行就市出售玉米和大豆，形成购销主体多元化和多渠道流通的市场格局
	统筹资金、统一政策	省政府统筹安排中央补贴资金，科学确定玉米和大豆生产者补贴资金分配比例和规模。全省范围内施行统一的玉米和大豆生产者补贴政策，对玉米生产者和大豆生产者分别执行统一的玉米生产者补贴标准和大豆生产者补贴标准，充分发挥市场供求关系和价格机制对调整区域种植结构的决定性作用
	保障收益、调整结构	在保证生产者种粮基本收益的基础上，结合补贴资金额度、补贴面积及结构调整方向等因素，对玉米生产者和大豆生产者实行差异化补贴标准，引导扩大大豆种植，促进种植结构优化调整，推动农业供给侧结构性改革
	公开透明、公平公正	严格按照补贴政策落实改革措施，规范工作流程，健全补贴机制，实行面积公示、补贴公示和档案管理等制度，自觉接受各方监督，维护玉米和大豆实际生产者合法利益，确保财政补贴资金发挥政策效应

续表

基本原则和主要内容		具体内容
主要内容	补贴对象	本省行政区划范围内玉米、大豆合法实际种植面积的实际生产者（包括农民、农民专业合作社、企事业单位等）。补贴资金直接发放给实际生产者。通过转包、转让、租赁、土地入股、托管等形式流转土地（包括乡村机动地），且流转合同明确约定补贴归属流出方的，由合同双方按约定执行。玉米、大豆合法实际种植面积是指拥有与村集体、乡级以上政府或有关单位（林业局、地方农牧场等）签订的土地承包、承租或开发使用合同，且用途为非林地、非草原、非湿地的耕地上实际种植玉米、大豆的面积。下列情况不得享受补贴：未经过申报、公示、审核的玉米和大豆种植面积；在国家和省有明确退耕要求的土地上种植玉米和大豆的面积；在未经批准开垦的土地或者在禁止开垦的土地上种植玉米和大豆的面积
	补贴标准	根据全省玉米和大豆生产者补贴资金总额，省统计局、农委核实确认的玉米和大豆合法实际种植面积，玉米和大豆种植成本收益以及种植结构调整要求等因素，综合测算确定本省当年亩玉米和大豆生产者补贴标准。大豆生产者补贴标准原则上高于玉米生产者补贴标准
	补贴程序	面积核实。每年6月至8月中旬，各市（地）、县（市、区）政府（行署）和省农垦总局按照省统计局、农委的统一部署，组织统计、农业部门对辖区内玉米和大豆实际种植者申报的玉米和大豆种植面积开展入户调查和地块实地核实工作，并将调查核实的玉米和大豆合法实际种植面积，玉米和大豆生产者和流转地承包者姓名、身份证号码，地块座落等信息在村屯、乡镇政府或农场（单位）进行张榜公示，确保玉米和大豆合法实际种植面积数据真实准确。8月25日前，各市（地）、县（市、区）政府（行署）和省农垦总局将审定后的辖区内玉米和大豆合法实际种植面积数据以正式文件（含电子版）报省统计局、农委，同时，各市（地）、县（市、区）统计和农业部门将补贴对象姓名、身份证号码、玉米和大豆合法种植面积等详细补贴信息函告同级财政部门，作为当年发放玉米和大豆生产者补贴的基础。8月底前，省统计局会同省农委将分县补贴面积以正式文件（含电子版）函告省财政厅，作为补贴资金测算和拨付依据。补贴发放。9月15日前，省财政厅会同农业、统计、物价监管等有关部门研究拟定当年玉米和大豆生产者补贴标准，经省政府批准后，按照补贴标准和省统计局、农委核定的分县玉米和大豆合法实际种植面积测算分配补贴资金；省财政厅将补贴资金通过粮食风险基金专户直接拨付各市（地）、县（市、区）和省农垦总局。各市（地）、县（市、区）和省农垦总局在接到省级财政补贴资金后，由其财政（财务）部门根据同级统计、农业部门函告的补贴对象玉米和大豆合法实际种植面积及省政府确定的补贴标准，经公示无异议后，于9月底前通过粮食补贴"一折（卡）通"将补贴资金足额兑付给补贴对象
	补贴监管	补贴资金专户实行封闭管理、分账核算。各地要建立补贴面积和补贴资金公示、档案管理和监督检查制度，设立并公布监督举报电话，接受群众监督

资料来源：《黑龙江省玉米和大豆生产者补贴工作实施方案》。

表3-4　《辽宁省统筹玉米和大豆生产者补贴政策实施方案》核心内容

基本原则和主要内容		具体内容
基本原则	市场定价、价补分离	玉米、大豆价格由市场形成，充分发挥价格对生产的调节引导作用，体现优质优价，建立玉米和大豆生产者补贴制度，对玉米、大豆生产者给予一定补贴，保障种粮基本收益
	差异补贴、调整结构	综合考虑种植面积和产能因素分配资金，将补贴资金向优势产区倾斜，促进种植结构调整，推动农业供给侧结构性改革
	明确责任、分级负责	省相关部门按照国家要求制定全省实施方案和资金管理办法，核定各市补贴额度，确定补贴范围、对象、依据、流程和资金管理原则；市、县相关部门要细化完善补贴方案，落实补贴政策，及时兑付补贴资金
	公开透明、加强监督	补贴资金拨付要做到标准明确、流程规范、过程透明。要充分利用耕地地力保护补贴工作基础，切实加强组织实施，自觉接受社会监督，确保财政补贴资金安全高效稳妥有序发放
主要内容	调剂种植结构调整资金	根据中央财政当年下达的玉米和大豆生产者补贴资金总量，省级财政调剂5%作为省级种植结构调整资金，用于支持种植结构调整；市级财政根据省核定下达的补贴资金额度，调剂不超过5%作为市级种植结构调整资金，用于配套支持种植结构调整。县级财政不再调剂种植结构调整资金
	核定补贴额度	省对市补贴额度核定。省财政补贴水平与补贴额度，是根据当年省对市玉米和大豆生产者补贴资金总量，以促进粮食供需平衡和种植结构调整、保障农民种粮基本收益、向优势产区倾斜为基本原则，按照各市玉米、大豆播种面积和产量进行综合测算确定；市对县补贴额度的核定。各市要结合本地实际情况，确定对所辖区域补贴额度的核定方法，鼓励补贴资金向玉米、大豆的优势产区倾斜，补贴额度和补贴标准的确定要有利于引导扩大大豆种植，在非优势产区调减玉米种植
	明确补贴范围、对象及标准	补贴范围。全省所有种植玉米、大豆的市县。补贴对象。合法耕地（即通过合法程序获得合法经营权）上的玉米、大豆实际生产者（包括本地农民、家庭农场、农民合作社、合法的外来租种者等）。对于土地流转的，补贴资金应发放给实际生产者，如由土地承包者领取补贴的，有关地方政府要引导承包者相应减少土地流转费用，真正让玉米、大豆生产者受益。补贴依据。生产者在合法耕地上实际播种的玉米、大豆种植面积，不包括在国家及省已明确退耕土地、未经批准开垦土地或禁止开垦土地上的种植面积；不包括已被政府征用并获得补偿、暂时未能开发使用的耕地上的种植面积；不包括青贮玉米种植面积。补贴标准。各市可按品种统一测算补贴标准，也可以县为单位，根据市对县核定下达的补贴额度，依据县农业部门提供的补贴面积分县确定补贴标准，允许县与县之间存在差异。原则上大豆生产者补贴标准要适度高于玉米生产者补贴标准。同时，各市应根据实际情况密切关注、统筹把握所辖区域补贴水平，研究制定应对预案，避免出现同一品种间补贴标准畸高畸低现象

续表

基本原则和主要内容		具体内容
主要内容	补贴面积核实	自主申报登记。生产者当年玉米、大豆播种结束后，按照属地管理原则自主向耕地所属村委会申报当年实际种植面积，标明种植玉米、大豆耕地属性（承包、流转等），同时登记领取补贴惠农"一卡通"账号。统计汇总核查。由乡镇（街道或农场，下同）政府组织农业等相关部门部署各村委会对全村玉米、大豆生产者补贴基本信息情况（姓名、玉米和大豆种植面积、耕地属性、"一卡通"账号等）按照统一格式进行统计汇总，并进行核查确认。实行村级公示。经核查确认的生产者补贴基本信息情况表由乡镇农业等相关部门经手人和政府负责人签字、加盖公章，村委会负责人签字、加盖村委会公章后，以村为单位公示 7 天。公示期间，对群众有异议的基本信息，要立即核实并更正，确保基本信息完整准确。汇总备份上报。以乡镇为单位，农业主管部门对各村委会经公示无误的补贴基本信息情况表（分户情况）汇总，由乡镇主要负责人签字加盖乡镇公章后上报县农业主管部门，同时将相关基本信息情况表备份归档，以备核查。汇总抽查确认。县级农业主管部门汇总核验全县补贴基本信息，并将信息报县级政府，由县级政府组织有关部门对上报补贴基本信息情况进行抽查、核验并确认。补贴面积确认工作应于每年 8 月 10 日前完成，并以正式公函形式将补贴基本信息情况表送县财政部门，以便测算补贴标准，发放补贴资金。动态信息管理。各乡镇政府要组织农业等相关部门切实加强玉米、大豆生产者补贴信息档案管理，建立完善补贴信息动态管理制度，及时掌握土地流转情况，对补贴基本信息实施动态更新，确保相关补贴信息真实完整
	补贴资金管理与发放	及时划拨资金。各市收到省下达补贴资金后，按照本地区具体实施办法，科学、合理测算确定资金分配方案，及时将补贴资金分配下达到县。各县财政应于收到市下达补贴资金并收到县农业主管部门报送补贴基本信息后（以后到者为限）20 个工作日内将补贴资金发放到户。全部补贴资金发放工作原则上应于每年 10 月底前完成。规范资金发放。玉米和大豆生产者补贴资金全部纳入粮食风险基金专户管理，封闭运行，与专户内其他资金分账核算，单独反映。除县级财政拨付对对玉米、大豆生产者发放补贴资金外，各级财政补贴资金必须通过在当地农业发展银行开设的"粮食风险基金专户"划拨。各县财政部门根据县农业主管部门提供的生产者实际种植面积、"一卡通"账号等基本信息，结合本地区补贴资金额度及补贴标准，分解测算分户补贴金额，通过惠农"一卡通"直接将补贴资金及时足额发放到生产者存折账户，不得以现金形式发放补贴。公告发放情况。当年补贴资金发放完毕后，县财政部门要将全县补贴资金发放信息，以村为单位张榜公告。公告的内容包括补贴对象的姓名、补贴面积、补贴标准、补贴金额以及完成补贴发放的时间等。建立备案制度。补贴资金全部发放完毕后，市、县财政部门会同农业部门将本地补贴资金实际发放情况以正式文件形式联合报上一级财政和农业部门，并附补贴资金发放明细表（县级明细表细化到乡镇，市级明细表细化到县）。各市应于全部补贴发放完成后 30 日内将补贴发放情况报省备案

资料来源：《辽宁省统筹玉米和大豆生产者补贴政策实施方案》。

依据国家决定完善东北三省和内蒙古自治区的玉米和大豆生产者补贴政策精神和《财政部 发展改革委 农业农村部〈关于完善玉米和大豆生产者补贴政策〉的通知》，2020 年 6 月 4 日，《吉林省玉米和大豆生产者补贴实施方案》印发；7 月 3 日，《黑龙江省 2020—2022 年玉米和大豆生产者补贴实施工作方案》印发。吉林省、黑龙江省玉米和大豆生产者补贴实施方案的区别主要体现在以下两个方面。一是补贴额度的确定。吉林省继续按照玉米播种面积和产量各占 50% 权重测算确定对各市县的玉米补贴额度，且继续按照大豆播种面积测算确定对各市县的大豆补贴额度，省里不集中调剂补贴资金用于种植结构调整。黑龙江省根据省政府确定的生产者补贴资金、种植面积和基期面积等因素综合测算全省当年玉米、大豆每亩补贴标准。二是补贴标准的确定。吉林省各市县根据地域种植特点、玉米和大豆未来预期收益比较、区域产业发展等实际情况，在尊重农民意愿的前提下，按照效益优先的原则，合理确定玉米和大豆生产者的补贴标准。黑龙江省全省范围内对玉米和大豆生产者分别执行统一的补贴标准。共同点都是补贴资金向玉米和大豆优势产区集中，引导区域种植结构优化调整，保持全省玉米和大豆种植面积基本稳定（见表 3 – 5、表 3 – 6）。

表 3 – 5 　　《吉林省玉米和大豆生产者补贴实施方案》核心内容

基本原则和主要内容		具体内容
基本原则	市场定价、价补分离	玉米和大豆价格由市场形成，同时，对玉米和大豆生产者发放一定补贴
	确定基期、超出不补	从 2020 年开始，对玉米、大豆补贴面积实行基期管理，在基期面积范围内，可根据实际种植面积兑付补贴，超基期面积不补
	明确责任、分级落实	按照国家要求，省级负责制定全省补贴实施方案，核定分市县补贴总额，确定补贴对象、补贴范围、补贴依据及补贴资金管理原则等；市县要根据省补贴实施方案，负责制定具体的补贴实施方案，核定补贴面积，确定本地补贴标准，兑付补贴资金

续表

基本原则和主要内容		具体内容
基本原则	保障收益、稳定面积	省级补贴资金向玉米和大豆优势产区集中，保障优势产区农民种粮收益基本稳定，保持玉米和大豆播种面积基本稳定
	公开透明、加强监督	补贴资金发放要做到补贴标准明确，补贴面积准确，补贴对象无异议，操作流程规范、实施过程透明，自觉接受社会有关方面的监督。切实加强组织实施，充分利用已有渠道、人员机构等工作基础，确保补贴及时、足额、准确兑付
主要内容	明确基期面积	中央对省明确基期面积。中央财政对有关省玉米和大豆补贴面积不超过基期面积，2020～2022年保持不变；省对市县明确基期面积。省对市县明确可获得补贴的基期面积为2018年统计玉米播种面积和2019年统计大豆播种面积，2020～2022年保持不变。市县在基期面积范围内，可根据实际种植面积兑付补贴，即超基期面积部分不给予补贴
	确定补贴额度	中央对省核定的补贴额度。国家主要综合考虑粮食供求平衡、农民种粮基本收益、中央财政承受能力等因素确定亩均补贴水平，报国务院批准后测算分配对各省补贴额度；省对市县核定的补贴额度。省对市县玉米补贴额度核定继续按照玉米播种面积和产量各占50%权重测算确定对各市县的补贴额度，大豆补贴额度核定继续按照大豆播种面积测算确定对各市县的补贴额度，省里不集中调剂补贴资金用于种植结构调整。补贴测算依据选择玉米和大豆基期面积相同年度统计数据；市县补贴额度的确定。市县根据省里核定下达的补贴资金、本地财力状况，确定对本地玉米和大豆生产者的补贴额度。允许调剂不超过10%的玉米和大豆生产者补贴资金用于种植结构调整，可因地制宜用于马铃薯种植、黑土地保护、优良品种和技术推广、品牌营销及市场化收购等方面，促进玉米和大豆生产向高质量发展转变，实现绿色可持续发展
	明确补贴内容	补贴对象。补贴对象原则上为全省范围内玉米和大豆生产者（包括农民、农业合作社、农场等）。通过转包、转让、租赁、土地入股、托管等形式流转土地的（包括乡村机动地），补贴资金应发放给实际玉米和大豆生产者；流转双方另有商定的，经流转双方确认同意按双方商定意见办理。如土地承包者领取的，有关地方政府要引导承包者相应减少土地流转费，真正让玉米和大豆生产者受益。补贴范围。补贴范围为基期面积范围内合法耕地上玉米和大豆种植面积；补贴范围不包括国家及省明确退耕的土地、未经批准开垦耕种的土地或者禁止开垦耕种的土地等非合法耕地上的种植面积、虚报面积。补贴依据。生产者符合补贴范围的当年实际玉米和大豆种植面积。补贴标准。各市县根据地域种植特点、玉米和大豆未来预期收益比较、区域产业发展等实际情况，在尊重农民意愿的前提下，按照效益优先的原则，合理确定玉米和大豆生产者的补贴标准

续表

基本原则和主要内容		具体内容
主要内容	补贴资金的管理	实行专户管理。生产者补贴纳入粮食风险基金专户管理,与专户内其他补贴资金分账核算,单独反映,不得相互混用。实行公示制度。各市县财政部门要做好与农业部门的对接工作,确保农业部门提供的玉米和大豆生产者补贴信息与财政部门补贴发放信息有效衔接。要继续坚持与完善此前行之有效的补贴公示制度等,对经审核确定的玉米和大豆生产者的补贴面积、补贴标准、补贴金额等补贴信息要在村屯和乡(镇)政府或农场(单位)张榜公示。要做到三准确、三公开,即补贴面积、补贴标准、补贴数额准确,切实做到公开、公正、公平。建立并不断完善补贴信息档案管理制度,及时掌握土地流转等情况,对补贴对象信息动态更新,确保相关补贴信息完整真实。规范发放管理。各市县要加强与有关金融部门密切配合,充分利用现有工作基础,将补贴资金通过直接汇入补贴对象银行卡、存折等支付工具(以下简称"一卡通")的方式及时足额发放,严禁发放现金。发放给农业合作社、农场等单位的补贴,要通过单位对公账户发放

资料来源:《吉林省玉米和大豆生产者补贴实施方案》。

表 3 - 6 　　《黑龙江省 2020—2022 年玉米和大豆生产者补贴实施工作方案》核心内容

基本原则和主要内容		具体内容
基本原则	统一政策、统筹安排	全省范围内施行统一的玉米和大豆生产者补贴政策,对玉米和大豆生产者分别执行统一的玉米生产者补贴标准和大豆生产者补贴标准;按照国家规定,以省为单位分别设定玉米和大豆基期面积,2020~2022 年保持不变。省统筹安排中央补贴资金,合理确定玉米和大豆生产者补贴资金规模,根据各地合法实际种植面积在基期面积范围内兑付补贴资金,如全省合法实际种植面积超过基期面积,对超出部分不予补贴
	保障收益、优化结构	结合当年中央补贴资金额度、基期面积、全省玉米和大豆实际种植面积及种植结构调整方向等因素,政府对玉米和大豆生产者给予一定补贴,保障生产者种粮基本收益,引导区域种植结构优化调整,保持全省玉米和大豆种植面积基本稳定
	公开透明、安全规范	严格落实兑现补贴政策,规范工作流程,健全补贴机制,实行面积公示、补贴公示和档案管理等制度,自觉接受各方监督,维护玉米和大豆生产者合法权益,确保财政补贴资金发挥政策效应。补贴资金实行专户、专账管理,封闭运行
主要内容	补贴对象	本省辖区范围内玉米和大豆合法实际种植面积的实际生产者(包括农民、农民专业合作社、企事业单位等)。补贴资金直接发放给实际生产者
	补贴范围	本省辖区基期面积范围内的玉米、大豆合法实际种植面积。国家和省已明确退耕的土地和未经批准开垦的土地等非合法耕地上种植的玉米和大豆面积、未经申报公示审核的玉米和大豆种植面积、享受粮改饲补贴试点政策的青贮玉米面积以及超出基期的玉米和大豆合法实际种植面积,不给予补贴

续表

基本原则和主要内容		具体内容
主要内容	补贴标准	根据省政府确定的全省玉米和大豆生产者补贴资金总额、全省玉米和大豆合法实际种植面积和基期面积、全省玉米和大豆种植成本收益以及种植结构调整要求等因素，综合测算确定全省当年玉米和大豆每亩补贴标准
	补贴程序	合法实际种植面积申报核实。各市（地）、县（市、区）政府（行署）及省农垦总局根据本方案规定的补贴范围政策口径，结合本地（辖区）实际，细化玉米和大豆合法实际面积的核实口径及核实办法，由当地统计部门牵头会同农业农村等相关部门通过自下而上的形式，开展玉米和大豆合法实际种植面积的申报、核实、汇总、上报等工作，省里将不再单独印发面积核实相关文件。各行政村（单位）组织辖区内玉米和大豆实际生产者申报生产者补贴，组织专人对申报信息进行核实确认后，报所在乡镇政府审核认定。乡镇政府对有关信息审核后，在村屯（单位）和乡镇政府同时张榜公示不少于 5 天，公示无异议后，将补贴信息逐级上报县（市、区）、市（地）政府（行署）审核汇总。森工、林业所属林场（森工经营所、农场）、监狱局系统所属劳改农场、中国融通等中直、省直系统所属单位合法耕地所种植的玉米和大豆，按属地管理原则到当地政府登记申报。8 月 20 日前，各市（地）政府（行署）将汇总审核认定后的辖区内玉米和大豆合法实际种植面积数据以市地政府正式文件（含电子版）报省农业农村厅；同时，各市（地）、县（市、区）统计部门将补贴对象姓名（单位名称）、一折（卡）通账号（单位银行账号）、身份证号码、玉米和大豆合法种植面积等详细补贴信息（含电子版）函告同级财政部门，作为当年发放玉米和大豆生产者补贴的基础。省农垦总局辖区内玉米和大豆合法实际种植面积申报核实工作参照上述流程执行。9 月 1 日前，省农业农村厅将汇总后的分县及省农垦总局玉米和大豆合法实际种植面积数据以正式文件（含电子版）报送省财政厅，作为补贴资金测算和拨付依据。补贴资金发放。9 月 15 日前，省财政厅会同农业农村、发展改革、粮食等有关部门在补贴基期范围内拟定当年补贴面积和玉米、大豆生产者补贴标准，经省政府批准后，将补贴资金通过粮食风险基金专户直接拨付各市（地）、县（市、区）和省农垦总局。各市（地）、县（市、区）和省农垦总局在接到省补贴资金后，由其财政（财务）部门及时将补贴对象玉米和大豆合法实际种植面积、补贴面积（合法实际种植面积剔除超基期部分）、补贴标准和补贴资金等到户明细数据在村屯（单位）和乡镇政府同时进行张榜公示，公示时间不少于 5 天；经公示无异议后，于 9 月 30 日前通过粮食补贴一折（卡）通将补贴资金足额兑付给补贴对象；市县农发行将补贴资金通过粮食风险基金专户拨付至代发补贴的金融机构时，要在大额来账汇兑凭证（或其他凭证）中严格统一附言内容和格式，两项补贴资金统一附言内容分别为：玉米生产者补贴和大豆生产者补贴。市县农发行或代发补贴的金融机构向实际种植者兑付补贴时，应在一折（卡）通摘要栏注明玉米补、大豆补等

资料来源：《黑龙江省 2020—2022 年玉米和大豆生产者补贴实施工作方案》。

辽宁省、吉林省玉米和大豆生产者补贴标准以县（市、区）为单位制定，黑龙江省全省统一标准。以 2017 年为例，吉林省松原市前郭县玉米、大豆生产者补贴标准分别为每亩 169.69 元、188.25 元，而公主岭市玉米、大豆生产者补贴标准则分别为每亩 201.87 元、266.67 元；辽宁省本溪市本溪县玉米、大豆生产者补贴标准分别为每亩 116.69 元、136.69 元，而盘锦市兴隆台区玉米生产者补贴标准则为每亩 225.28 元。2017～2022 年，黑龙江省玉米生产者补贴标准分别为 133.46 元、25 元、30 元、38 元、68元、28 元；2017～2022 年，黑龙江省大豆生产者补贴标准分别为每亩173.46 元、320 元、255 元、238 元、248 元、248 元。

3.1.2 稻谷收储制度改革进展情况

1. 改革背景

在稻谷实行最低收购价政策的背景下，我国稻谷产业面临严峻的挑战，如库存压力大、稻谷价格高、品质低、国际竞争力不强等问题，稻谷收储制度改革是改变这一现状的有力之举（宋洪远、高鸣，2019）。稻谷市场供需结构矛盾与 2015 年的玉米市场极为相似，主要表现为两个方面。一是优质稻进市场、普通稻进国库，且优质不能优价。稻谷最低收购价格的持续走高导致优质稻谷进入粮食市场，而普通稻被国家收购。如，2016～2017 年收购期，黑龙江省收购稻谷 503.5 亿斤，其中，商品粮 148 亿斤，最低收购价粮 335.5 亿斤。最低收购价格的持续走高还导致市场上优质稻米和普通稻米的价格差异较小，出现优质不能优价的现象。二是稻谷库存压力大，市场饱和致使去库存难度大。例如，湖南条件较好的稻谷仓容几乎用尽。此外，库存时间延长会导致品质下降，同时，稻谷品种由于产业链太短，消化去向较窄。2016 年，湖南按国家最低价收购稻谷竞价销售，早籼稻基本流拍，"顺价销售"几乎难以做到（高鸣等，2018）。

为此，2016 年国家首次下调早籼稻最低收购价，每 50 公斤较 2015 年下调了 2 元。2017 年首次全面下调稻谷最低收购价，早籼稻、中晚籼稻和粳稻最低收购价格每 50 公斤分别较 2016 年下调了 3 元、2 元和 5 元。为深化稻谷收储制度和价格形成机制改革，保障农民种粮收益基本稳定，《关于稻谷补贴的实施意见》和《关于调整完善稻谷补贴政策的通知》先后印发，自 2018 年起，国家继续在稻谷主产区实行最低收购价政策并进一步完善，增强政策灵活性和弹性，合理调整最低收购价水平，同步建立补贴机制，积极稳妥推进粮食收储制度和价格形成机制改革。

2. 东北地区地方政府落实情况

依据《关于稻谷补贴的实施意见》，黑龙江省相继印发了《2018 年黑龙江省稻谷补贴工作实施方案》《黑龙江省 2019 年玉米、大豆和稻谷生产者补贴工作实施方案》，吉林省印发了《吉林省稻谷生产者补贴实施方案》；依据《关于调整完善稻谷补贴政策的通知》，黑龙江省印发了《黑龙江省稻谷生产者补贴工作实施方案》。2020 年 6 月，《吉林省稻谷生产者补贴实施方案》印发，对 2018 年印发的《吉林省稻谷生产者补贴实施方案》进行了调整完善。黑龙江省、吉林省稻谷生产者补贴实施方案的区别主要体现在两个方面。一是优化结构方面。黑龙江省鼓励地表水灌溉稻谷种植，地表水灌溉稻谷亩补贴标准高于地下水灌溉稻谷亩补贴标准 40 元以上（含 40 元）。吉林省鼓励将补贴资金向稻谷生产功能区等优势产区倾斜，同时，鼓励采用降低补贴标准或不予补贴等差异化方式，减少重金属污染区、寒地井灌溉区的稻谷种植。二是补贴标准的确定。黑龙江省全省范围内施行统一的稻谷生产者补贴政策，对稻谷生产者分别执行统一的地表水灌溉补贴标准和地下水灌溉补贴标准。吉林省各市县根据省里下达的补贴额度和补贴范围内稻谷种植面积合理确定本市县的稻谷补贴标准（见表 3-7、表 3-8）。

表3-7　　　　《黑龙江省稻谷生产者补贴工作实施方案》核心内容

基本原则和主要内容		具体内容
基本原则	统一政策、统筹安排	全省范围内施行统一的稻谷生产者补贴政策，对稻谷生产者分别执行统一的地表水灌溉补贴标准和地下水灌溉补贴标准。按照国家规定，并结合我省实际，省统筹安排中央补贴资金，合理确定稻谷生产者补贴资金分配规模
	保障收益、优化结构	结合当年中央补贴资金额度、全省稻谷合法实际种植面积及种植结构调整方向等因素，政府对稻谷生产者给予一定补贴，保障生产者种粮基本收益，引导种植结构优化调整，鼓励地表水灌溉稻谷种植
	公开透明、安全规范	严格落实兑现补贴政策，规范工作流程，健全补贴机制，实行面积公示、补贴公示和档案管理等制度，自觉接受各方监督，维护稻谷生产者合法权益，确保财政补贴资金发挥政策效应。补贴资金实行专户、专账管理，封闭运行
主要内容	补贴对象	本省辖区范围内稻谷合法实际种植面积的实际生产者
	补贴范围	本省辖区稻谷合法实际种植面积。国家和省已明确退耕的土地和未经批准开垦的土地等非合法耕地上种植的稻谷面积、未经申报公示审核的稻谷种植面积不给予补贴
	补贴标准	根据省政府确定的全省稻谷生产者补贴资金总额，省农业农村厅汇总的全省地表水灌溉和地下水灌溉稻谷合法实际面积，全省稻谷种植成本收益以及种植结构调整要求等因素，综合测算确定我省当年稻谷每亩补贴标准。地表水灌溉稻谷亩补贴标准高于地下水灌溉稻谷亩补贴标准40元以上（含40元）
	补贴程序	合法实际种植面积申报核实。各市（地）、县（市、区）政府（行署）及省农垦总局根据本方案规定的补贴范围政策口径，结合本地（辖区）实际，细化稻谷合法实际面积的核实口径及核实办法，由当地统计部门牵头会同农业农村等相关部门通过自下而上的形式，开展稻谷合法实际种植面积的申报、核实、汇总、上报等工作，省里不再单独印发面积核实相关文件。各行政村（单位）组织辖区内稻谷实际生产者申报生产者补贴，组织专人对申报信息进行核实确认后，报所在乡镇政府审核认定。乡镇政府对有关信息审核后，在村屯（单位）和乡镇政府同时张榜公示不少于5天，公示无异议后，将补贴信息逐级上报县（市、区）、市（地）政府（行署）审核汇总。森工、林业所属林场（森工经营所、农场）、监狱局系统所属劳改农场、中国融通等中直、省直系统所属单位合法耕地所种植的稻谷，按属地管理原则到当地政府登记申报。8月20日前，各市（地）政府（行署）将汇总审核认定后的辖区内稻谷合法实际种植面积数据（区分地表水灌溉和地下水灌溉稻谷合法实际种植面积）以市地政府正式文件（含电子版）报省农业农村厅；同时，各市（地）、县（市、区）统计部门将补贴对象姓名（单位名称）、"一折（卡）通"账号（单位银行账号）、身份证号码、地表水灌溉和地下水

续表

基本原则和主要内容		具体内容
主要内容	补贴程序	灌溉稻谷合法实际种植面积等详细补贴信息（含电子版）函告同级财政部门，作为当年发放稻谷生产者补贴的基础。省农垦总局辖区内稻谷合法实际种植面积申报核实工作参照上述流程执行。9月1日前，省农业农村厅将汇总后的分县及省农垦总局稻谷合法实际种植面积数据以正式文件（含电子版）报送省财政厅，作为补贴资金测算和拨付依据；补贴资金发放。9月15日前，省财政厅会同农业农村、统计、发改等有关部门测算拟定当年稻谷生产者补贴标准，经省政府批准后，将补贴资金通过粮食风险基金专户直接拨付各市（地）、县（市、区）和省农垦总局。各市（地）、县（市、区）和省农垦总局在接到省补贴资金后，由其财政（财务）部门根据同级统计部门提供的补贴对象，稻谷合法实际种植面积及省政府确定的补贴标准，将补贴资金到户明细数据在村屯（单位）和乡镇政府同时进行张榜公示，公示时间不少于5天；经公示无异议后，于9月30日前通过粮食补贴"一折（卡）通"将补贴资金足额兑付给补贴对象。市县农发行将补贴资金通过粮食风险基金专户拨付至代发补贴的金融机构时，要在大额来账汇兑凭证（或其他凭证）中严格统一附言内容和格式，补贴资金统一附言内容为："稻谷生产者补贴"。市县农发行或代发补贴的金融机构向实际种植者兑付补贴时，应在"一折（卡）通"摘要栏注明"稻谷补"等

资料来源：《黑龙江省稻谷生产者补贴工作实施方案》。

表 3–8　　　　　　《吉林省稻谷生产者补贴实施方案》核心内容

基本原则和主要内容		具体内容
基本原则	明确责任、分级落实	按照国家要求，省级负责制定全省补贴实施方案，核定分市县补贴总额，确定补贴对象、补贴范围、补贴依据及补贴资金管理原则等；市县要根据省补贴实施方案，负责制定具体的补贴实施方案，核定补贴面积，确定本地补贴标准，兑付补贴资金
	巩固产能、保障重点	支持巩固提升优势产区产能，引导非优势产区种植结构优化调整，保持稻谷生产总体稳定。鼓励将补贴资金向稻谷生产功能区等优势产区倾斜；同时，鼓励采用降低补贴标准或不予补贴等差异化方式，减少重金属污染区、寒地井灌溉区的稻谷种植
	公开透明、加强监督	补贴资金发放要做到补贴标准明确，补贴面积准确，补贴对象无异议，操作流程规范、实施过程透明，自觉接受社会有关方面的监督。切实加强组织实施，充分利用已有渠道、人员机构等工作基础，确保补贴及时、足额、准确兑付

续表

基本原则和主要内容		具体内容
主要内容	确定补贴额度	中央对省补贴额度的确定。为稳定稻谷产能，体现补贴向主产省倾斜，对享受补贴的稻谷产量进行上限管理，超出上限的不予补贴；省对市县补贴额度的确定。省对市县稻谷补贴额度，根据中央财政下达我省的补贴总额和上一年统计年鉴稻谷播种面积数据，测算确定对各市县的补贴额度。省里不集中调剂补贴资金用于种植结构调整。市县补贴额度的确定。市县补贴资金要全部用于稻谷相关支出（包括稻谷和旱稻），可向适度规模经营主体倾斜；允许调剂不超过10%的资金用于种植结构调整，具体用于促进绿色优质稻谷生产、发展订单农业、组织市场化收购、支持品牌建设等
	明确补贴内容	补贴对象。补贴对象原则上为全省范围内稻谷生产者（包括农民、农业合作社、农场等）。通过转包、转让、租赁、土地入股、托管等形式流转土地的（包括乡村机动地），补贴资金应发放给实际稻谷生产者；流转双方另有商定的，经流转双方确认同意按双方商定意见办理。如土地承包者领取的，有关地方政府要引导承包者相应减少土地流转费，真正让稻谷生产者受益。补贴范围。补贴范围为全省范围内合法耕地上稻谷种植面积。补贴范围不包括国家及省明确退耕的土地、未经批准开垦耕种的土地或者禁止开垦耕种的土地等非耕地上的种植面积、虚报的种植面积。补贴依据。生产者符合补贴范围的当年实际稻谷种植面积。补贴标准。各市县根据省里下达的补贴额度和补贴范围内稻谷种植面积合理确定本市县的稻谷补贴标准
	补贴资金的管理	实行专户管理。稻谷生产者补贴纳入粮食风险基金专户管理，与专户内其他补贴资金分账核算，单独反映，不得相互混用。实行公示制度。各市县财政部门要做好与农业部门的对接工作，确保农业部门提供的稻谷生产者补贴信息与财政部门补贴发放信息有效衔接。要坚持与完善此前行之有效的补贴公示、补贴信息档案管理等制度。对经审核确定的稻谷生产者的补贴面积、补贴标准、补贴金额等补贴信息要在村屯和乡（镇）政府或农场（单位）张榜公示。要做到三准确、三公开，即补贴面积、补贴标准、补贴数额准确，切实做到公开、公正、公平。确保补贴政策公开透明、补贴对象信息动态更新、补贴信息完整真实。规范发放管理。各市县要加强与有关金融部门的密切配合，充分利用现有工作基础，将补贴资金通过直接汇入补贴对象银行卡、存折等支付工具（以下简称"一卡通"）的方式及时足额发放，严禁发放现金。发放给农业合作社、农场等单位的补贴，要通过单位对公账户发放

资料来源：《吉林省稻谷生产者补贴工作实施方案》。

黑龙江省全省统一稻谷生产者补贴标准，而辽宁省和吉林省则以县（市、区）为单位制定。以2021年为例，吉林省辽源市东丰县、白城市大安市稻谷生产者补贴标准分别为每亩155.98元、2.47元。2018~2022年，黑龙江省稻谷生产者补贴标准分别为地表水灌溉每亩 132.79 元、地下水灌溉每亩 92.79 元，地表水灌溉每亩 133 元、地下水灌溉每亩 93 元，地表水灌溉每亩 136 元、地下水灌溉每亩 86 元，地表水灌溉每亩 133 元、地下水灌溉每亩 83 元，地表水灌溉每亩 140 元、地下水灌溉每亩 90 元。

3.2 支持玉米收储制度改革的主要措施在东北地区落实情况

玉米收储制度改革初期，为促进玉米加工转化，引导多元主体积极入市收购，缓解农民"卖粮难"，中央政府、东北地区地方政府相继出台了多项支持玉米收储制度改革的措施，包括深加工企业和饲料加工企业补贴政策、玉米外运车辆高速公路减免政策、建立东北地区玉米收购贷款信用保证基金、玉米深加工产品的增值税出口退税率恢复至 13%、东北新产玉米上市期间暂停国家政策性玉米销售等支持措施，这里主要介绍玉米深加工企业收购加工新产玉米奖补政策和饲料加工企业补贴政策。

3.2.1 东北玉米深加工企业收购加工新产玉米奖补政策

2016 年 10 月，财政部、国家发改委、国家粮食局、中国农业发展银行四部门联合发布《关于实施东北玉米深加工企业收购加工新产玉米奖补政策的通知》，中央财政对出台玉米深加工企业收购加工新产玉米奖补政策的省（区）实施奖补，要求东北三省和内蒙古自治区对在 2016 年 11 月 1 日至 2017 年 4 月 30 日收购入库的本省（区）内新产玉米，并于 6 月 30 日前加工消耗的省（区）内规模以上玉米深加工企业给予补贴。据此，2016 年 10 月 18 日，《吉林省玉米深加工企业财政补贴管理办法》印发，补贴对象为省内具备 10 万吨以上玉米年加工能力、就地采购加工且有自建仓储设施，严格执行《吉林省粮食流通统计制度》，履行统计报送义务，申报信息真实准确、信誉较好的法人企业，补贴标准为每吨 200 元；11 月

1 日,《辽宁省 2016 年新产玉米收购加工补贴政策实施方案》印发,明确产品为淀粉、淀粉糖、氨基酸、化工醇、酒精等,补贴对象为年主营业务收入 2000 万元及以上的玉米深加工企业,并符合就地采购、自建仓储设施的法人企业,补贴标准为每吨 100 元;11 月 17 日,《关于做好黑龙江省玉米深加工企业收购加工 2016 年新产玉米补贴工作的通知》印发,补贴对象为在全省 2015 年产品销售收入 2000 万元及以上或具备年加工能力 10 万吨及以上,生产淀粉类或酒精类玉米深加工企业范围内确定,补贴标准为每吨 300 元。辽宁省、吉林省、黑龙江省最终纳入奖补政策补贴范围的玉米深加工企业分别为 4 家、22 家、23 家。

3.2.2　饲料加工企业补贴政策

2017 年 2 月,财政部、国家粮食局联合发布《关于支持实施饲料加工企业补贴政策的通知》,中央财政对出台饲料加工企业补贴政策的省(区)实施奖补,要求东北三省和内蒙古自治区对自省(区)饲料加工企业补贴文件印发之日起至 2017 年 4 月 30 日期间配合收购入库的 2016 年产玉米,且 2017 年 6 月底前加工的本省(区)内规模以上饲料加工企业给予补贴,补贴标准不高于对玉米深加工企业的补助比例及补贴标准。据此,2017 年 2 月 15 日,《吉林省饲料加工企业财政补贴管理办法》印发,补贴对象为生产经营地在省内、2015 年实际饲料产量 5 万吨以上、就地采购、自建仓储设施的企业,补贴标准为每吨 200 元;2 月 27 日,《关于做好黑龙江省饲料加工企业收购加工 2016 年新产玉米补贴工作的通知》印发,补贴对象为 2015 年实际饲料产量 5 万吨及以上,就地采购、自建仓储设施的配合饲料企业。补贴标准为每吨 300 元;4 月 22 日,《关于辽宁省实施饲料加工企业收购、加工 2016 年新产玉米补贴政策》印发,补贴对象为生产经营地在省内,2015 年实际配合饲料产量在 5 万吨以上、就地采购、自建仓储的配合饲料企业,补贴标准为每吨 100 元。辽宁省、吉林省、黑龙江省最终纳入加工企业奖补政策补贴范围的饲料生产企业(企业集团)分别为 14 家、32 家、12 家。

3.3 本章小结

粮食收储制度改革以来，随着改革的深化和对经验的总结，中央政府也在不断调整完善相关政策，东北地区地方政府据此制定完善了各省（区）的实施方案。此外，改革初期，为缓解农民"卖粮难"，中央和东北地区先后出台了多项支持措施。基于此，本章主要梳理玉米、大豆和稻谷改革的进展和落实情况，及改革初期的主要支持措施。

第一，中央政府对玉米、大豆收储制度改革相关政策的调整完善主要体现在下面三个文件中：《财政部关于建立玉米生产者补贴制度的实施意见》提出，在东北（辽宁省、吉林省、黑龙江省）和内蒙古自治区建立玉米生产者补贴制度；《关于调整完善玉米和大豆补贴政策的通知》明确要求，实现玉米和大豆生产者补贴机制相衔接；《关于完善玉米和大豆生产者补贴政策的通知》提出，中央财政对有关省（区）玉米补贴不超过2014年基期播种面积，大豆补贴面积不超过2019年基期播种面积，2020～2022年保持不变。据此，东北地区地方政府制定完善了各省（区）的实施方案，各省（区）实施方案最主要的区别是生产者补贴标准的确定，辽宁省、吉林省玉米和大豆生产者补贴标准以县（市、区）为单位制定，黑龙江省全省统一标准。以2017年为例，辽宁省本溪市本溪县玉米、大豆生产者补贴标准分别为每亩116.69元、136.69元，而盘锦市兴隆台区玉米生产者补贴标准则为每亩225.28元。

第二，中央政府对稻谷收储制度改革相关政策的调整完善主要体现在下面两个文件中：《关于稻谷补贴的实施意见》和《关于调整完善稻谷补贴政策的通知》。自2018年起，国家继续在稻谷主产区实行最低收购价政策并进一步完善，增强政策灵活性和弹性，合理调整最低收购价水平，同步建立补贴机制，积极稳妥推进粮食收储制度和价格形成机制改革。东北地区地方政府据此细化了各自的实施方案，生产者补贴标准是最主要的区别，只有黑龙江省全省统一稻谷生产者补贴标准。

第三，改革初期，缓解农民"卖粮难"，中央和东北地区政府出台了一系列支持措施，如，玉米深加工企业和饲料加工企业补贴政策，对合法装载的出省外销玉米整车运输车辆实施鲜活农产品绿色通道政策并减免高速公路通行费用等。

第4章

粮食收储制度改革以来
市场变化情况[*]

以 2018 年中央经济工作会议首次提出"制度型开放"为标志，我国进入由商品和要素流动型开放向规则等制度型开放转变的更高水平开放的新阶段（江小涓，2021）。《中华人民共和国国民经济和社会发展第十四个五年规划和 2035 年远景目标纲要》再次明确，要稳步拓展规则、规制、管理、标准等制度型开放。随着更高水平开放政策效应的逐步显现，我国农业作为总体上缺乏竞争优势的产业部门，未来面临的挑战和压力将进一步加大（叶兴庆，2020；朱晶等，2021）。粮食安全是国家安全的重要基础，国际粮食市场日益成为保障国内粮食供给的重要组成部分，我国粮食安全的主要问题是保障畜产品安全供给带来的饲料粮短缺问题，玉米是被重点关注的饲料粮品种。粮食收储制度改革以来，粮食特别是玉米的供需格局发生了显著改变，玉米及替代品（大麦、高粱、玉米干酒糟及其可溶物）进口大幅增加，这些变化通过传导间接影响农户的种植决策行为。此外，考虑到 2014 年、2015 年是我国玉米临时收储价格最高的年份，也是我国玉米产量、库存量、进口量"三量"齐增问题最突出的年份。本章利用

＊ 本章原文以《更高水平开放下我国玉米进口增加的驱动因素与应对建议》为题，发表于《经济纵横》2022 年第 2 期，原作者为刘慧、钟钰。

公开发布的统计数据和文献资料，与 2014 年、2015 年对比，分析玉米供需格局、近期进口增加的主要驱动因素，并判断中长期供需形势。为了便于对比分析，大豆、稻谷供需格局变化情况分析期间也统一为 2014~2021 年。

（4.1）粮食作物供需格局变化情况

对玉米供需格局变化情况的分析放在第二部分近期玉米进口增加的驱动因素及中长期供需形势分析中，这里先简要分析大豆、稻谷供需格局变化情况。

4.1.1　大豆供需格局变化情况

我国是世界上最大的大豆消费国，大豆是我国食用油第一大来源，也是我国开放最早、进口量最大、市场化程度最高、与国际接轨最彻底的大宗农产品。

玉米收储制度改革前，由于缺乏比较优势和支持政策有限，我国大豆播种面积减少、产量下降，而大豆消费却仍在继续增加。如表 4-1 所示，2014/15 年度、2015/16 年度，国内大豆产量分别仅能满足大豆消费的13.5%、12%，产不足需问题突出，国内大豆需求缺口分别达到 7768 万吨、8506 万吨。在种植结构调整、玉米和大豆补贴机制相衔接、大豆振兴计划等一系列支持政策引导下，大豆播种面积由 2015/16 年度的 9885 万亩增加至 2020/21 年度的 14823 万亩，大豆产量也由 1161 万吨增加至 1960 万吨，但是大豆消费依然较快增加，由 9667 万吨增加至 11326 万吨，国内大豆需求缺口由 8506 万吨进一步扩大至 9366 万吨，产不足需的问题更加突出。由于玉米种植比较效益优势明显，主产区部分农户大豆改种玉米，预测 2021/22 年度大豆播种面积将减少、产量将下降，大豆消费虽也减少至 10788 万吨，但是国内大豆需求缺口仍高达 9148 万吨。

表 4 – 1 　　　　　2014/15 ~ 2021/22 年度我国大豆供需格局变化情况

项目	2014/15 年度	2015/16 年度	2016/17 年度	2017/18 年度	2018/19 年度	2019/20 年度	2020/21 年度	2021/22 年度
播种面积（万亩）	10200	9885	11399	12368	12600	14018	14823	12600
产量（万吨）	1215	1161	1360	1528	1600	1810	1960	1640
消费（万吨）	8983	9667	10813	10705	10293	10860	11326	10788
压榨消费（万吨）	7734	8289	9290	9112	8672	9100	9500	9054
食用消费（万吨）	915	1035	1118	1204	1253	1380	1420	1355
其他消费（万吨）	334	343	405	389	368	380	406	379
缺口（万吨）	– 7768	– 8506	– 9453	– 9177	– 8693	– 9050	– 9366	– 9148

注：大豆市场年度为当年 10 月至下年 9 月，2021/22 年度数据为 2022 年 8 月估计，缺口 = 产量 – 消费，其他消费包括种子消费、损耗及其他。

资料来源：农业农村部市场预警专家委员会定期发布的《中国农产品供需形势分析》。

从各分项消费看，2014/15 ~ 2021/22 年度，大豆压榨消费平均占大豆消费总量的 84.8%，压榨消费量由不到 8000 万吨增加至 9000 万吨以上，年均增长率为 2.5%。大豆食用消费虽然平均只占大豆消费总量的 11.6%，但是增长较快，年均增长率为 5.8%。大豆其他消费（种子消费、损耗及其他）数量较少且比较稳定，合计占比不超过大豆消费总量的 4%。

我国是大豆原产国，大豆在我国长期以来是优势种植品种。1995 年以前我国进口大豆数量很少，国产大豆在满足消费的同时还有一定数量的出口。进入 21 世纪特别是加入 WTO 以来，大豆进口量呈加快扩大态势，2013 年以前每隔 3~4 年大豆进口量新增约 1000 万吨，2014~2017 年每隔 1~2 年大豆进口量就新增约 1000 万吨，2017 年创 9554 万吨的阶段高点。2018 年、2019 年受中美经贸摩擦及国内非洲猪瘟导致生猪产能下降等影响，大豆进口量下降至 8800 多万吨的水平，2020 年再次恢复增长至 10033 万吨，首次突破 1 亿吨，2021 年回落至 9652 万吨。[①] 2022 年，按照中央一号文件部署要求，我国将大力实施大豆和油料产能提升工程，在黄淮海、西北、西南地区推广玉米大豆带状复合种植，在东北地区开展粮豆轮作，在黑龙江省部分地下水超采区、寒地井灌稻区推进水改旱、稻改豆试点。在各项政策大力支持下，预测 2022 年我国大豆面积将明显恢复，整个

---

① 海关总署官网。

"十四五"期间有望保持稳中有增趋势，增产的大豆除了更好地满足食用需求外，一部分将进入压榨消费领域，对进口大豆形成一定程度的替代。

总体看，与2014/15年度、2015/16年度对比，2016/17～2021/22年度我国大豆消费主要通过进口来满足的格局没有改变，进口大豆主要用于满足国内植物油和蛋白粕需求。

4.1.2 稻谷供需格局变化情况

我国是世界上稻谷产量第一、种植面积第二大的国家，稻谷消费以口粮消费为主，饲料和工业消费较少。稻谷包括早籼稻和中晚稻，中晚稻又包括中晚籼稻和粳稻，由于难以获得分类的平衡表，因此只从稻谷层面分析其供需格局变化情况。

2016～2021年，我国稻谷播种面积总体呈减少趋势，2019年、2021年都在4.5亿亩以下。[①] 2019年减少的原因主要是南方地区"双季稻改单季稻"增加，东北地区减少了部分井灌稻面积（徐春春等，2020），2021年减少的原因主要是受华南地区干旱、湖南重金属污染耕地管控以及种植结构调整等因素综合影响（徐春春等，2022）；产量总体呈增加趋势，原因主要是单产显著提高（徐春春等，2018；2020；2022）；消费基本保持在2亿吨左右，供给总量充足，但是食味佳的中高档优质米、加工专用米、功能保健米等供应不足（徐春春等，2019）。近几年，各地优质稻市场价格出现加价收购和供不应求局面，有效引导种植结构调整，中高档优质稻、专用稻等品种推广面积不断增加（徐春春等，2022）；进口和出口都不多，进口占产量的比重最高年份也只有1.4%（见表4-2）。

表4-2 2014～2021年我国稻谷供需格局变化情况

指标	2014年	2015年	2016年	2017年	2018年	2019年	2020年	2021年
播种面积（万亩）	46148	46176	46119	46121	45284	44541	45114	44882
产量（万吨）	29590	30768	31989	33210	33899	34260	35005	34477

① 国家统计局官网。

续表

指标	2014 年	2015 年	2016 年	2017 年	2018 年	2019 年	2020 年	2021 年
消费（万吨）	20005	19882	19904	19967	20087	19895	21328	20770
缺口（万吨）	9586	10886	12084	13243	13813	14365	13677	13707
进口（万吨）	304	358	395	326	256	247	485	300
出口（万吨）	44	32	104	167	287	245	228	270

注：缺口 = 产量 – 消费。

资料来源：2014 ~ 2020 年播种面积数据来自《中国统计年鉴 2021》，2021 年播种面积数据来自国家统计局关于 2021 年粮食产量数据的公告，其他数据来自布瑞克农业（Bric Big Data）数据库。

总体看，与 2014 年、2015 年对比，2016 ~ 2021 年，我国稻谷供需格局没有改变，即供给仍然保持宽松，同时结构优化，即中高档优质稻、专用稻等品种推广面积继续增加。

4.2 近期玉米进口增加的驱动因素及中长期供需形势

国外学者在我国加入 WTO 前就判断未来我国将大量进口玉米（Gale，2004），但是由于受到临时收储和关税配额等政策保护，直到 2009 年我国一直是玉米净出口国（杨军等，2014）。随着 2010 年我国转为玉米净进口国及饲料粮进口量的快速增加，饲料粮进口问题逐渐得到关注（赵金鑫等，2019），目前我国饲料粮已经从供给不足变为"高位供给、高位进口"并存的局面（熊学振、杨春，2021）。2010 年，我国从玉米净出口国转变为净进口国，十年来年进口量均未突破进口配额，占国内年产量的比重也还不到 3%。然而，2020 年，我国进口玉米及替代品 2437 万吨，同比增加 106.8%。其中，进口玉米 1130 万吨，首次突破 720 万吨的进口配额，同比增加 135.9%。2021 年，进口玉米及替代品 5056 万吨，同比增加 107.5%。其中，进口玉米 2835 万吨，同比增加 151.2%，占国内产量的比重也上升至 10.4%，引起社会广泛关注。[①] 那么，近期我国玉米及替代品进口规模

---

① 海关总署官网。

大幅增加的驱动因素是什么？这些驱动因素是否会推动未来我国玉米及替代品进口规模的持续增加？如果是，在以制度型开放为标志的更高水平对外开放的新阶段，应如何更好地利用国内国际两个市场、两种资源，多措并举，系统提升我国玉米及替代品的安全保障能力？这些都是值得深入研究的问题。

4.2.1 近期我国玉米进口情况及驱动因素

由于我国进口玉米主要用作饲料原料，在饲料加工领域，大麦、高粱、玉米干酒糟及其可溶物（DDGs）对玉米的替代性较高，进口大麦、高粱、DDGs 对进口玉米的替代性更高。因此，需要在进口玉米及替代品框架下分析我国玉米的进口问题。此外，2016 年开始的玉米收储制度改革实现了玉米收购和价格市场化，目的是通过价格来引导生产、调节供求、调控进口，市场化改革也是我国未来坚持的方向，基于此，本部分中的近期是指 2016～2021 年。

1. 我国玉米进口情况

2010 年以来，我国玉米及替代品进口规模迅速扩大，2015 年达到 3298 万吨的高点。其中，进口玉米 473 万吨，占玉米及替代品进口总量的 14.3%；2016～2019 年，玉米及替代品进口规模呈减少趋势，而玉米进口规模先减后增至 479 万吨，在玉米及替代品进口总量中的占比上升至 41%；2020 年、2021 年，玉米及替代品进口规模大幅增加并再创新高，玉米进口规模均突破进口配额后仍大幅增加，在玉米及替代品进口总量中的占比继续分别上升至 46.4%、56.1%（见表 4-3）。

表 4-3　　　2015～2021 年近期我国玉米及替代品的进口情况　　单位：万吨

项目	2015 年	2016 年	2017 年	2018 年	2019 年	2020 年	2021 年
玉米及替代品进口总量	3298	1789	1714	1414	1169	2437	5056
玉米	473	317	283	352	479	1130	2835

续表

项目	2015 年	2016 年	2017 年	2018 年	2019 年	2020 年	2021 年
替代品	2825	1472	1431	1062	690	1307	2221
大麦	1073	500	886	682	593	808	1248
高粱	1070	665	506	365	83	481	942
DDGs	682	307	39	15	14	18	31

资料来源：海关总署官网。

综上所述，近期我国玉米进口规模与玉米及替代品进口规模的变动趋势不完全一致，玉米进口量在玉米及替代品进口总量中的占比逐年提高并于 2021 年首次超过大麦、高粱、DDGs 的进口总量，在一定程度上表明进口玉米相对于进口大麦、高粱、DDGs 具有价格优势。

2. 我国玉米进口增加的驱动因素

已有研究表明，玉米国内外价差和饲料粮刚性需求是驱动我国玉米及替代品进口增加的主要因素（赵金鑫等，2019）。此外，突如其来的新冠疫情，引起了社会各界对粮食安全问题的广泛关注，但是统计数据表明，新冠疫情对我国玉米生产的影响有限。2020 年，中央加强粮食安全省长责任制考核，稳定粮食播种面积，全国玉米总产量为 2.61 亿吨，仅比 2019 年减少了 10 万吨；2021 年，中央首次实行粮食安全党政同责，首次把粮食产量纳入宏观经济调控目标，全国玉米总产量为 2.73 亿吨，比 2019 年增加了 1178.2 万吨。[①] 因此，本书主要分析玉米国内外价差和需求的变化情况。

（1）进口玉米不具有价格优势下玉米进口量仍大幅增加。在国际粮食价格走低的背景下临时收储政策推高了玉米国内价格，2014 年、2015 年，我国玉米国内外价差达到历史最高。相比而言，2016 年以来，玉米国内外价格变化主要有两个特点。一是国内外价差显著缩小。月均最大价差为每斤 0.18 元，最小价差仅为每斤 0.03 元。二是出现了国内价格低于国外价格的情况。其中，2019 年，每月玉米国内价格都低于国外价格

---

① 国家统计局官网。

（见表4－4）。国内外价差显著缩小和国内价格低于国外的情况的出现表明，进口玉米的价格优势逐渐消失，也在一定程度上表明国内外玉米市场的联系增强了。

表4－4　　　　　2014～2021年玉米国内外价格变化情况

国内外价格	2014年	2015年	2016年	2017年	2018年	2019年	2020年	2021年
国内月均价（元/斤）	1.25	1.19	0.99	0.88	0.96	0.98	1.14	1.43
国外月均价（元/斤）	0.94	0.80	0.81	0.84	0.93	1.11	0.96	1.26
国内外平均价差（元/斤）	0.31	0.39	0.18	0.04	0.03	-0.13	0.18	0.17
国内价格低于国外的月数（个）	0	0	0	4	6	12	3	1

注：国内价格为东北二等黄玉米运到广州黄埔港的平仓价，国外价格为美国墨西哥湾2级黄玉米（蛋白质含量12%）运到黄埔港的到岸税后价。

资料来源：农业农村部市场预警专家委员会。

从各年具体看，2016～2019年，我国玉米进口量都在进口配额内。其中，2016年1月至2018年8月，进口配额内1%关税的国外玉米运抵我国南方港口的到岸税后价（以下简称"配额内进口玉米到港价"）都比国内玉米到港价低，国外玉米具有价格优势，但是，玉米进口量并没有明显增加；2018年9月至2019年12月，配额内进口玉米到港价都比国内玉米到港价高，国外玉米不具有价格优势，但是玉米进口量却增加至479.3万吨；2020年，我国玉米进口量首次超过720万吨的进口配额，但是为了平抑国内市场已经大幅上涨的玉米价格，我国对超过配额外的进口玉米并未加征65%的关税。就配额内玉米国内外价差看，2020年1～3月，配额内进口玉米到港价比国内玉米到港价每斤高0.11元，玉米进口量累计为125.06万吨；4～12月，配额内进口玉米到港价比国内玉米到港价每斤低0.28元，玉米进口量累计为1004.54万吨；2021年1～3月，我国玉米进口量为672.7万吨，接近于720万吨的进口配额，意味着年内再进口的玉米将会被征收65%的关税，配额外65%关税的美国玉米运抵我国南方港口到岸税后价（以下简称"配额外进口玉米到港价"）比国内玉米到港价每斤高0.62元，4～12月，玉米进口量仍累计达到2162.3万吨（见表4－5）。

表 4 - 5　　　　　　2016～2021 年玉米国内外价差与玉米进口量的变化情况

项目			2016 年	2017 年	2018 年		2019 年	2020 年		2021 年
					1～8 月	9～12 月		1～3 月	4～12 月	
玉米国内外价差（元/斤）	配额内进口玉米到港价	比国内玉米到港价低	0.18	0.06	0.13	—	—	—	0.28	0.16
		比国内玉米到港价高	—	—	—	0.11	0.13	0.11	—	—
	配额外进口玉米到港价	比国内玉米到港价高							0.38	0.62
玉米进口量（万吨）			316.8	282.7	287	65.4	479.3	125.06	1004.54	2835

资料来源：进口量数据来自海关总署，价格数据来自农业农村部市场预警专家委员会。

可见，近期玉米国内外价差的变化情况与玉米进口量的变化情况不完全一致，出现了进口玉米不具有价格优势下玉米进口量仍大幅增加的情况。

（2）玉米饲用消费增加是导致玉米进口量增加的主要因素。如表 4 - 6 所示，玉米收储制度改革初期，随着玉米市场价格的下跌和种植结构调整的推进，玉米播种面积由 2015/16 年度的 57175 万亩减少至 2016/17 年度的 55140 万亩，玉米产量也由 22458 万吨下降至 21955 万吨，尽管玉米消费增加了 1663 万吨，但是国内生产仍能满足消费需求。2017/18 年度，玉米产量继续减少至 21589 万吨，玉米消费却大幅增加至 27025 万吨，国内玉米首次出现产不足需的问题，但是由于数量较大的玉米库存有效弥补了玉米缺口，玉米进口量并不多。随着玉米市场价格的上涨和国家增加玉米播种面积宏观调控目标的作用下，玉米播种面积增加至 2021/22 年度的 64986 万亩，玉米产量较 2017/18 年度增加了 5666 万吨，玉米消费较 2017/18 年度增加了 1745 万吨，国内玉米需求缺口缩小至 1515 万吨，然而随着玉米去库存周期基本结束，玉米进口量大幅增加。

表 4 - 6 　　　　　　　　2014/15～2021/22 年近期我国玉米供需格局变化情况

项目	2014/15 年度	2015/16 年度	2016/17 年度	2017/18 年度	2018/19 年度	2019/20 年度	2020/21 年度	2021/22 年度
播种面积（万亩）	55685	57175	55140	53168	63194	61926	61896	64986
产量（万吨）	21565	22458	21955	21589	25733	26077	26067	27255
消费（万吨）	18339	19409	21072	27025	27978	27830	28216	28770
饲用消费（万吨）	11256	12101	13303	17200	17600	17400	18000	18600
工业消费（万吨）	5257	5417	5825	7500	8100	8200	8000	8000
其他消费（万吨）	1826	1531	1944	2325	2278	2230	2216	1261
缺口（万吨）	3226	3049	883	- 5436	- 2245	- 1753	- 2149	- 1515

注：玉米市场年度为当年 10 月至下年 9 月，2021/22 年度数据为 2022 年 8 月估计，缺口 = 产量 - 消费，其他消费包括食用消费、种子用量、损耗及其他。

资料来源：农业农村部市场预警专家委员会定期发布的《中国农产品供需形势分析》。

从各分项消费看，2014/15～2021/22 年度，玉米饲用消费和工业消费合计平均占玉米消费总量的 91.5%。其中，饲用消费平均占 63.2%，年均增长率为 7.4%，工业消费平均占 28.3%，年均增长率为 6.2%。玉米工业消费受政府调控政策的影响较大，政府常常根据玉米供需情况出台鼓励或者限制政策。玉米收储制度改革初期，为了鼓励消化玉米库存，政府先后采取将玉米深加工项目由国家发展改革委核准调整为省级发展改革委备案、取消玉米深加工等领域外资准入限制、对玉米深加工企业给予收购补贴等支持政策，玉米深加工企业的产能持续扩张，玉米工业消费从 5257 万吨增加至 2018/19 年度的 8100 万吨。玉米供给格局从严重过剩转变为紧平衡后，在优先满足玉米饲用消费的政策导向之下，政府收紧玉米深加工项目审批，严格控制燃料乙醇加工产能扩张，玉米工业消费小幅减少至 8000 万吨，2022 年中央一号文件再一次明确提出要严格控制以玉米为原料的燃料乙醇加工（见表 4 - 6）。

综上所述，近期我国玉米消费增加超过国内增加的玉米产量。其中，玉米饲用消费占比高、增长快，是导致玉米进口量大幅增加的主要因素。

4.2.2　中长期我国玉米供需形势判断

玉米作为饲料原料的国内需求缺口可以通过国家政策性玉米出库、超期储存的稻谷和小麦、小麦替代、进口来弥补。然而，政策性玉米去库存周期基本结束，超期储存的稻谷和小麦数量有限，小麦替代长期看存在"人畜争粮"的问题。那么，进口就成为弥补玉米作为饲料原料的国内需求缺口的主要途径。根据前面的分析，玉米饲用消费增加是导致近期我国玉米进口量增加的主要因素。因此，判断中长期我国玉米的供需形势是提出保障我国玉米供给、减少进口冲击应对建议的重要依据。

1. 中长期我国玉米供给增长潜力受到制约

从国内生产条件看，制约玉米供给增长的因素主要有三个方面。

第一，单产较低。2020 年，美国、巴西、阿根廷是全球玉米主产国，也是全球出口玉米最多的国家，玉米出口量分别占全球玉米出口总量的 35.1%、22.2%、17.3%，合计占 74.6%。由于地形、耕地质量及水热条件、经营方式、育种技术等客观因素限制，2020 年，我国玉米单产比美国、阿根廷分别低 41.5%、18.2%。虽然巴西玉米单产比我国低 12.8%，但是由于农户使用转基因种子以及加大化肥农药投入，过去 10 年单产增加 32.5%[①]，远高于我国 16% 的增幅。与美国单产的显著差距导致 2020 年我国玉米播种面积比美国多 23.7%，产量却比美国低 27.8%（仇焕广，2021）。

第二，主产区水土资源不匹配程度加剧。我国耕地分布与水土资源匹配极度不均衡，多年的农业高速发展又导致耕地和水资源均处于过度利用状态。黄淮海地区[②]粮食作物播种面积占全国粮食作物总播种面积的 33%，

---

①　由于 2020 年的极端干旱、霜降及不利降雨导致巴西玉米平均单产为每公顷 4.27 吨，与 10 年前几乎相同，因此过去 10 年指 2010～2019 年。

②　包括北京市、天津市、山东省、河北省、河南省、江苏省、安徽省。

其中，玉米播种面积占全国玉米总播种面积的 31.7%，却用 3% 的水资源支撑着全国 17% 的耕地面积；东北地区①粮食作物播种面积占全国粮食作物总播种面积的 20.3%，其中，玉米播种面积占全国玉米总播种面积的 30.2%，却用 6% 的水资源量支持了占全国 22% 耕地面积的农业生产（仇焕广等，2021）。随着我国粮食主产区逐渐由长江中下游地区、江南和华南地区向东北地区、黄淮海地区转移（郑亚楠等，2019），玉米主产区水土资源不匹配程度将进一步加剧。

第三，耕地保护和利用面临严峻挑战。从耕地数量上看，"三调"（第三次全国国土调查）数据显示，我国耕地面积为 19.179 亿亩，较 "二调"（第二次全国国土调查）减少了 1.129 亿亩，遏制耕地 "非农化"、严格管控 "非粮化" 任务艰巨。此外，我国在水土资源条件较好、相对集中连片、农田灌排工程等农业基础设施比较完备的农田上划定 "两区"（粮食生产功能区和重要农产品生产保护区）共 10.58 亿亩，其中，划定玉米生产功能区 4.5 亿亩，2021 年我国玉米播种面积已达到 4.33 亿亩，增加玉米播种面积的空间较小。从耕地质量上看，长期高强度、超负荷利用造成耕地基础地力下降，主要表现在土壤有机质含量较低，特别是东北黑土区土壤有机质含量下降较快。与发达国家相比，我国基础地力偏低 20～30 个百分点，基础地力偏低增加农产品生产成本，不利于提高我国农产品的质量效益和竞争力。

2. 中长期我国玉米饲用消费增长潜力较大

从国内需求情况看，玉米饲用消费的增加取决于为保障畜产品供给安全带来的饲料粮需求的增加，饲料粮需求的增加主要取决于对生猪、肉禽、蛋禽等畜产品消费的增长，而畜产品消费的增长又主要取决于城镇化率和城乡居民收入水平的不断提高。

2010～2020 年，我国常住人口城镇化率由 49.7% 提高到 63.9%；扣除价

---

① 包括辽宁省、吉林省、黑龙江省。

格因素后，全国居民人均可支配收入年均实际增长 7.2%，10 年增加了 1 倍。同期，全国居民人均猪肉、禽肉、蛋类消费量合计由 64.63 公斤增加至 86.9 公斤，城镇居民和农村居民分别增加了 4.56 公斤和 17.71 公斤。[①]《中华人民共和国国民经济和社会发展第十四个五年规划和 2035 年远景目标纲要》提出，到 2025 年，我国常住人口城镇化率提高到 65%，全国居民人均可支配收入与 GDP 增长基本同步。学者们预测到 2035 年，我国常住人口城镇化率将达到 72% 左右（魏后凯、杜志雄，2021），全国居民人均收入增长速度保持在 5% 左右，按不变价格比 2020 年翻一番（胡鞍钢等，2020）。

基于对中长期我国玉米供给增长潜力的分析、对城镇化率和居民收入增长的预测，学者们普遍认为国内玉米供给增长将低于需求增长，并预测到 2025 年，国内玉米需求缺口将达到 2000 多万吨（自给率 92%），到 2035 年，将达到 5600 万吨（自给率 82%），玉米将是未来我国继大豆之后进口的主要大宗农产品（杨艳涛、秦富，2017）。实际上，2021 年，我国进口玉米 2835 万吨，提前达到 2025 年预测的进口量，占国内产量的比例也超过了 10%。[②]

综上所述，中长期我国玉米供给增长潜力十分有限，而玉米饲用消费增长潜力较大，玉米供给增长将低于需求增长，在我国保障口粮绝对安全和油料等重要农产品供给的宏观调控目标下，玉米进口量继续增加的可能性较大。

4.2.3　我国玉米进口来源现状及拓展的可行性

拓展玉米进口来源既是弥补国内玉米需求缺口的主要途径，也是各国抵御农产品进口来源过于集中面临的风险的通行做法。此外，由于我国对进口玉米实行关税配额管理，对进口大麦、高粱、DDGs 分别实行 3%、2%、5% 的单一关税管理，通常玉米关税配额外进口大麦、高粱、DDGs

---

① 国家统计局官网。
② 海关总署官网。

仍具有一定的价格优势，需要同时关注大麦、高粱、DDGs 的进口来源现状及拓展的可行性。

1. 玉米及大麦、高粱、DDGs 进口来源现状

2011 年、2012 年，美国是我国玉米的第一大进口来源国，自美国进口的玉米占比超过 95%。[①] 2013 年"一带一路"倡议提出后，我国自乌克兰进口的玉米逐年增加，2015 年起，乌克兰取代美国成为我国最大的玉米进口来源国。2018 年、2019 年，我国自乌克兰进口的玉米占比超过 80%。尽管我国玉米进口来源高度集中的格局有所改善，但仍较集中，近期自乌克兰和美国两国进口的玉米合计占比高达 90% 以上。澳大利亚、加拿大和法国是我国进口大麦的主要来源国，自 2014 年以来，自乌克兰进口的大麦增加较多，自澳大利亚进口的大麦明显减少，大麦进口来源集中的格局有所改善。自 2014 年以来，美国一直是我国高粱的第一大进口来源国，高粱进口格局基本保持稳定。我国进口的 DDGs 几乎全部来自美国（见表 4-7）。总体看，我国玉米及大麦、高粱、DDGs 的进口来源仍较集中。

表 4-7　　　　2011～2020 年我国玉米及大麦、高粱、

DDGs 进口来源变化情况

单位：%

品种及国家		2011年	2012年	2013年	2014年	2015年	2016年	2017年	2018年	2019年	2020年
玉米	美国	96.2	98.2	90.9	39.5	9.8	8.9	26.8	8.9	6.6	38.4
	乌克兰	0	0	3.3	37.1	81.4	80.1	64.5	83.2	86.4	55.7
	合计	96.2	98.2	94.2	76.6	91.2	89.0	91.3	92.1	93.0	94.2
大麦	澳大利亚	70.7	82.2	75.3	71.6	40.6	61.3	73.1	61.3	39.1	18.5
	加拿大	5.8	12.4	16.1	10.3	9.7	19.7	15.3	24.6	24.6	25.0
	法国	13.5	0.9	5.7	14.1	41.2	12.9	2.5	8.4	20.0	21.8
	乌克兰	0	0	0	2.2	7.6	5.4	8.9	5.6	14.7	28.0
	合计	90	95.5	97.1	98.2	99.1	99.3	99.8	99.9	98.4	93.3

[①] 海关总署官网。

续表

品种及国家		2011年	2012年	2013年	2014年	2015年	2016年	2017年	2018年	2019年	2020年
高粱	澳大利亚	0	100	70.6	6.2	15.4	11.7	5.9	11.8	9.8	2.2
	美国	0.2	0	29.4	93.8	83.8	88.3	94.1	88.1	72.2	88.4
	合计	0.2	100	100	100	99.2	100	100	99.9	82.0	90.6
DDGs	美国	100	100	100	100	100	99.9	99.7	99.5	99.2	100

资料来源: Comtrade 数据库。

2. 拓展玉米及大麦、高粱、DDGs 进口来源的可行性

玉米是全球产量最高、贸易量最大的谷物。从出口量来看，2010 年为
9822.23 万吨，2015 年增加至 1.47 亿吨，2020 年继续增加至 1.84 亿吨，
年均增长 6%。全球玉米出口高度集中在美国、巴西、阿根廷和乌克兰四
国，2018 ~ 2020 年，这四国玉米年均出口量分别占全球年均出口总量的
28.1%、20%、18.7%、15.2%，合计占 82%。全球大麦、高粱、DDGs
的出口量都呈减少趋势，2020 年，分别为 3488.54 万吨、780.32 万吨、
1372.79 万吨，较 2015 年分别减少 341.3 万吨、536.54 万吨、167.28 万
吨。[①] 全球大麦、高粱、DDGs 的出口集中度远高于生产集中度，2020 年，
法国、乌克兰、俄罗斯、澳大利亚大麦出口量合计占全球出口总量的 60%
以上，美国、阿根廷、澳大利亚高粱出口量合计占全球出口总量的
99.9%，美国 DDGs 出口量占全球出口总量的 79.8%（见表 4 - 8）。

表 4 - 8   **2015 年、2020 年我国拓展玉米及大麦、高粱、**
DDGs 出口来源的空间

单位：万吨

品种及国家		2015 年				2020 年			
		产量	出口量	对中国出口量	剩余空间	产量	出口量	对中国出口量	剩余空间
玉米	美国	34548.63	4459.24	72.35	4386.89	34704.76	5176.83	693.44	4483.39
	巴西	8528.31	2890.28	14.69	2875.59	10113.86	3440.05	1.48	3438.57
	阿根廷	3381.77	1671.36	0.01	1671.35	5686.07	3686.92	0	3686.92
	乌克兰	2332.76	1904.39	313.95	1590.44	3588.01	2794.46	693.44	2101.02

---

① 海关总署官网。

续表

品种及国家		2015 年				2020 年			
		产量	出口量	对中国出口量	剩余空间	产量	出口量	对中国出口量	剩余空间
大麦	法国	1309.80	753.65	410.81	342.84	1356.5	677.82	200.06	477.76
	乌克兰	828.84	462.95	76.21	386.74	891.68	504.63	257.58	247.05
	俄罗斯	1754.60	529.50	0	529.50	2048.9	496.34	1.92	494.42
	澳大利亚	864.63	519.23	252.66	266.57	881.89	425.82	146.78	279.04
高粱	美国	1515.80	979.77	910.39	69.38	867.35	658.66	557.56	101.10
	阿根廷	309.81	104.24	8.92	95.32	160.14	46.21	46.01	0.20
	澳大利亚	220.92	153.17	152.05	1.12	116.05	18.08	13.44	4.64
DDGs	美国	—	1270.18	646.23	623.95	—	1095.86	28.09	1067.77

注：一表示没有查到相关数据，2020 年产量数据是 2019 年的数据，剩余空间 = 出口量 - 对中国出口量。

资料来源：产量数据来自 FAOSTAT，出口量和对中国出口量数据来自 Comtrade 数据库。

短期看，我国拓展玉米进口来源的可行性较大。首先，美国、乌克兰对我国出口的玉米占其出口总量的比重较低，2020 年分别为 13.4%、24.8%，并且乌克兰玉米播种面积增加较快、单产提升潜力较大（刘靖文等，2021），继续扩大从这两国进口玉米的空间较大。其次，玉米是巴西、阿根廷最重要的粮食作物，近年来，巴西、阿根廷玉米产量和出口量都呈增加趋势，但是对我国出口的很少，扩大从这两国进口玉米的空间也较大。我国拓展大麦、高粱、DDGs 进口来源的可行性品种空间存在差异。2020 年，法国、乌克兰、俄罗斯、澳大利亚对我国出口的大麦占其出口总量的比重分别为 29.5%、51%、0.4%、34.5%，继续扩大从法国、俄罗斯、澳大利亚进口大麦还有一定空间；美国、阿根廷、澳大利亚对我国出口的高粱占其出口总量的比重分别为 84.7%、99.6%、74.3%，进一步扩大进口的空间十分有限；美国对我国出口的 DDGs 占其出口总量的比重为2.6%，扩大进口的空间较大。

总体来看，短期内我国玉米及大麦、高粱、DDGs 的进口对美国依赖度较高。近年来，为应对中美经贸摩擦，我国对自美进口的部分农产品采取了不同程度的反制措施。自 2018 年 7 月 6 日起，对于自美国进口的玉米、高粱加征 25% 的关税，直接导致 2018 年、2019 年我国自美国进口的玉米、高粱数量大幅减少；自 2017 年 1 月 12 日起，对于自美国进口的 DDGs 征收为期 5 年的反倾销税及反补贴税，直接导致我国自美国进口的 DDGs 数量大幅减少。2020 年 1 月 5 日，中美签署第一阶段经贸协议，中方今后两年将增加对美国饲料等农产品的进口，自美国进口的玉米、高粱数量又大幅增加。此外，新冠疫情延续时间的不确定性增加了全球爆发粮食危机的风险（胡迪、杨向阳，2021），也增加了我国玉米及大麦、高粱、DDGs 的进口风险。

4.2.4 解决途径及潜力

在我国水土资源有限的条件下，解决饲料粮短缺问题，要充分利用国内国际两个市场、两种资源，适度增加玉米及替代品进口（仇焕广等，2021）。实现适度进口的重点需要筑牢国内稳产保供能力基础、升级既有农业支持保护政策体系，同时构建全方位多渠道的外部粮源供应体系（朱晶等，2021）。国内玉米稳产保供的关键在于提高单产和降低生产成本，目前我国转基因玉米已获得生产应用安全证书并开展了产业化应用试点，如果实现产业化应用将显著降低进口压力。此外，解决饲料粮短缺问题还要重视减少食物损失和浪费（黄季焜，2021）。同时，要促进饲料粮进口来源多元化，我国已经将玉米进口重心由传统的欧美布局转向"一带一路"沿线区域（赵金鑫等，2021）。结合最新的政策安排，提出以下解决途径。

1. 加大支持力度，稳定玉米播种面积

耕地是粮食生产的"命根子"，稳定玉米播种面积是保障我国玉米供给能力的基础。具体看，从耕地数量上，"长牙齿"的措施要跟上，要坚决遏制"非农化"，防止"非粮化"，守住 18 亿亩耕地红线，5 亿亩盐碱

地也要充分开发利用；要加大对"两区"的政策支持，在完成 10.58 亿亩 "两区"地块的划定和建设任务基础上，充分发挥 4.5 亿亩玉米生产功能 区，保障我国玉米供给的核心作用。从耕地质量上，要建立健全高标准农 田建设投入保障机制，落实管护主体和管护经费，如期实现到 2025 年建成 10.75 亿亩、到 2030 年建成 12 亿亩高标准农田的规划目标[①]；要持续耕地 轮作休耕，中央财政通过现有渠道积极支持东北地区保护性耕作发展，允 许地方政府统筹中央对地方转移支付中的相关涉农资金用于黑土地保护工 作等支持政策，如期完成到 2025 年 1 亿亩黑土地保护利用任务[②]。此外， 继续完善玉米生产者补贴、产粮大县奖励、三大粮食作物完全成本保险和 种植收入保险等强农惠农政策，保护农民种粮积极性。

2. 增加科技投入，提高玉米单产水平

种子是农业的"芯片"，玉米增产主要来自单产增长，目前玉米的 品种增产贡献率达到 47.3%（仇焕广，2021）。种业基地建设是我国种 源安全的有力保障，制种大县年产种子满足了全国玉米等主要粮食作物 用种 70% 以上，要持续实施制种大县奖励政策并加大奖励力度；企业是 发展现代种业的骨干力量，要重点支持一批优势龙头企业，逐步形成由 领军企业、特色企业、专业化平台企业协同发展的种业振兴企业集群； 严打假冒伪劣、套牌侵权违法行为，激励和保护种业原始创新。同时， 对外开放种业是国内种业改革的有益补充，适度对外开放种业不仅有利 于引入国际竞争，而且能够直接、快速地提升我国玉米单产水平。此 外，2021 年，农业农村部对已获得生产应用安全证书的抗虫耐除草剂转 基因玉米开展了产业化试点，如果推进转基因玉米产业化，对提高玉米 单产、降低农药费用和劳动成本将起积极作用，并将显著降低我国玉米 的进口压力。

---

① 《全国高标准农田建设规划（2021—2030 年）》。
② 《国家黑土地保护工程实施方案（2021—2025 年）》。

3. 优化配方结构，促进饲料中玉米减量替代

传统的饲料配方中玉米占 60%，从营养特性看，小麦、大米、木薯、米糠、大麦和高粱都是玉米的合适替代品。2021 年 4 月 21 日，农业农村部制定发布了《猪鸡饲料玉米豆粕减量替代技术方案》，引导全行业构建多元化饲料配方结构，经测算，该技术方案全面推广实施后，每年可望减少玉米用量 4500 万吨（刘一明，2021）。政府要持续支持饲料原料营养价值评定和基础数据库构建工作，通过加强基础研究和创新，实现饲料行业从长期依赖国外数据向构建本土基础数据的重大转变，以此为基础调整入口饲料配方结构，加快推广饲料精准配方，构建具有中国特色的多元化饲料配方体系，降低饲料中玉米占比，为保障饲料粮供需平衡提供有力技术支撑。同时，要引导饲料企业积极参与我国自主的饲料原料营养价值数据库建设，组织部分饲料企业开展技术方案示范应用，逐步面向全国推广实施。饲料企业也要积极推进玉米减量替代，为共同维护我国饲料粮供给安全做出积极贡献。

4. 深化国际合作，促进饲料粮进口来源多元化

以中美经贸摩擦、新冠疫情等为代表的风险因素积累，使我国玉米进口的外部环境面临着巨大的潜在挑战。我国坚定不移推动高水平开放，加快从贸易大国走向贸易强国，应积极主动谋划进口布局，促进饲料粮进口来源多元化，不断增强抵御风险和冲击的能力。一是要继续加强与"一带一路"沿线区域的农业合作。"一带一路"国家粮食增产潜力较大，且相较于传统的粮食进口来源国欧美国家与我国在粮食贸易中具有更强的地缘优势与政治互信（杜志雄等，2021），我国已经将玉米进口重心由传统的欧美布局转向"一带一路"国家。二是加强与《区域全面经济伙伴关系协定》（RCEP）成员国的农业合作。2022 年 1 月 1 日生效的 RCEP 是世界上参与人口最多、成员结构最多元、发展潜力最大的自贸区。中国与 RCEP 成员国农产品贸易具有较强互补性和较弱竞争力（陈雨生、王艳梅，

2021），要充分发挥各自农产品优势，利用区域内的产业链供应链更加紧密的特点，增加饲料粮等农产品实际贸易量。

(4.3) 本章小结

改革以来，玉米的供需格局由宽松转向趋紧，玉米及替代品进口增加，这些都间接影响到农户。此外，我国玉米临时收储价最高的年份是2014年和2015年，这两年我国玉米"洋货入市、国货入库"问题也最严重。本章重点分析了我国玉米供需格局变化、近期进口增加的主要驱动因素，研判了我国玉米中长期供需形势。为了便于对比分析，大豆、稻谷供需格局变化情况分析期间也统一为2014～2021年。

第一，2016/17～2021/22年度，国内大豆需求仍然主要依赖进口，其中，食用需求主要由国内生产满足，植物油和蛋白粕需求主要由进口满足；与2014年、2015年对比，2016～2021年，我国稻谷供给仍然保持宽松的格局没有改变，同时中高档优质稻和专用稻等品种面积增加使结构优化。

第二，与2014/15年度、2015/16年度对比，2016/17～2021/22年度，我国玉米供需格局发生改变，即从严重过剩转变为趋于紧张；对近期数据的分析表明，进口玉米不具有价格优势下我国玉米进口量仍大幅增加，玉米饲用消费增加是导致玉米进口量增加的主要因素；中长期我国玉米供给增长潜力将明显低于需求增长潜力，耕地资源约束下及在我国保障口粮绝对安全的宏观调控目标下，判断进口玉米趋向继续增加。

第三，在中长期我国玉米产不足需和以制度型开放为标志的更高水平开放背景下，要充分利用国内国际两个市场、两种资源，多措并举，解决饲料粮短缺问题。今后需要重点关注以下最新政策安排：推进生物育种产业化是保障国家粮食安全和重要农产品有效供给的战略选择，我国正稳妥有序推进转基因玉米产业化应用。2021年，农业农村部对已获得生产应用安全证书的抗虫耐除草剂转基因玉米开展了产业化试点，试点结果显示节本、增产效果明显；推进饲料粮减量替代为进一步保障饲料粮供给开辟重要途径，近年来，多元配方、少用玉米豆粕、降低风险成为饲料行业共识。2021 年 3 月 15 日，农业农村部畜牧兽医局下达了《饲料中玉米豆粕减量替代工作方案》，4 月 19 日，33 家饲料行业企业代表公开发出"推进玉米豆粕减量替代，共同维护饲料粮供给安全"的倡议；加入高标准贸易和投资协定是我国推进以制度型开放为标志的更高水平对外开放的重要举措，为我国打造安全可控的饲料粮海外供应链带来机遇和挑战。

第5章

东北地区种植业结构
调整总体情况[*]

种植业是我国农业的基础，调整优化种植结构是推动种植业高质量发展的重要举措，也是提升农业综合效益和农产品竞争力的现实选择。面对农产品供求矛盾主要表现为阶段性供过于求与供给不足并存的新形势，农业部编制了《全国种植业结构调整规划（2016—2020 年）》，核心是品种结构和区域布局，即构建适应市场需求的品种结构和构建生产生态协调的区域结构。《中华人民共和国国民经济和社会发展第十四个五年规划和 2035 年远景目标纲要》明确提出，优化种植结构仍然是深化农业供给侧结构性改革、提高农业质量效益和竞争力的重要举措。《"十四五"全国种植业发展规划》在"十三五"种植业结构调整基础上，聚焦七大主要产业和六大区域，进一步优化产业结构和区域布局，促进种植业高质量发展。

粮食主产区是历次种植业结构调整的重点。2011～2020 年，东北地区

＊ 本章原文以《粮食收储制度改革以来东北地区粮食质量提升情况与政策建议》为题发表于《经济纵横》2019 年第 12 期，原作者为刘慧、秦富；以《"十三五"时期东北地区种植业结构调整进展与"十四五"时期推进路径》为题发表于《经济纵横》2021 年第 2 期，原作者为刘慧、秦富。

粮食作物播种面积平均占农作物总播种面积的 92.5%。^① 其中，辽宁省、吉林省、黑龙江省粮食作物播种面积平均分别占各省农作物总播种面积的 82.5%、91.5%、92.5%，黑龙江省粮食总产量实现十七连丰，连续十年居全国第一。因此，东北地区种植业结构调整主要就是粮食作物的结构调整，黑龙江省粮食作物的结构调整又是东北地区种植业结构调整的重点。基于此，本章利用公开发布的统计数据和典型案例，围绕粮食作物，从数量和质量两个层面对 2016～2020 年东北地区种植业结构调整情况进行分析。

5.1 粮食生产概况

5.1.1 总体情况

种植业结构调整的首要原则是确保粮食安全，粮食安全重在总量安全。2016～2020 年，全国粮食总产量分别为 66043.5 万吨、66160.7 万吨、65789.2 万吨、66384.3 万吨、66949.2 万吨，实现"十七连丰"。2021 年全国粮食总产量 68285 万吨，再创新高，其中，东北地区对全国粮食增产的贡献率为 52.4%。

与历史高点 2015 年^②相比，2016～2020 年，东北地区粮食作物播种面积先减后增，其中，2019 年、2020 年均超过 2015 年的水平。东北地区粮食作物播种面积在全国粮食作物播种面积中的占比在 2016 年下降 0.18 个百分点后持续上升，其中，2018～2020 年均超过 2015 年的水平；同期，东北地区粮食产量分别为 1.39 亿吨、1.39 亿吨、1.33 亿吨、1.38 亿吨、1.37 亿吨，其中，2018 年、2020 年粮食产量虽略有减少，但仍处于历史

---

① 《中国统计年鉴》（2018 年）根据第三次全国农业普查结果对 2007～2017 年粮食播种面积及产量数据作了修正，辽宁省、吉林省、黑龙江省也对各省的粮食播种面积及产量数据作了修正，本章中相关数据都是修正后的数据，部分修正情况如附录 D 所示。此外，本章涉及数据均来源于历年的《中国统计年鉴》《黑龙江统计年鉴》《吉林统计年鉴》《辽宁统计年鉴》。
② 2015 年东北地区粮食作物播种面积和粮食产量都处于历史高点。

高位，2016 年、2017 年、2019 年均超过 2015 年的水平。东北地区粮食产量在全国粮食总产量中的占比在 2016 年、2017 年上升后呈下降趋势，其中，2018～2020 年均低于 2015 年的水平。2021 年，东北地区粮食作物播种面积和粮食产量均创新高，在全国粮食作物播种面积和粮食总产量中的占比上升至 20.25% 和 21.15%（见表 5 - 1）。

表 5 - 1　　　　　　　2015～2021 年东北地区粮食生产情况

项目	2015 年	2016 年	2017 年	2018 年	2019 年	2020 年	2021 年
粮食作物播种面积（亿亩）	3.51	3.49	3.47	3.49	3.52	3.55	3.57
占全国粮食作物播种面积（%）	19.69	19.51	19.63	19.91	20.22	20.25	20.25
粮食产量（亿吨）	1.38	1.39	1.39	1.33	1.38	1.37	1.44
占全国粮食总产量（%）	20.85	21.02	21.00	20.26	20.80	20.44	21.15

资料来源：根据国家统计局网站数据查询结果整理计算得出，2021 年数据来自国家统计局关于 2021 年粮食产量数据的公告。

5.1.2　地区情况

2015 年 11 月 3 日印发实施的《农业部关于"镰刀弯"地区玉米结构调整的指导意见》提出，力争到 2020 年，"镰刀弯"地区[①]玉米种植面积稳定在 1 亿亩，比目前减少 5000 万亩以上，重点发展青贮玉米、大豆、优质饲草、杂粮杂豆、春小麦、经济林果和生态功能型植物等，推动农牧紧密结合、产业深度融合，促进农业效益提升和产业升级。《全国种植业结构调整规划（2016—2020 年）》指出，进入 21 世纪以来，东北地区种植业生产专业化程度迅速提高，成为我国重要的玉米和粳稻集中产区。与此同时，其他作物的面积不断减少，尤其是传统优势作物大豆的种植面积不断缩减。种植业结构调整方向是突出"稳、减、扩、建"四字要领，即稳定

---

① 包括东北冷凉区、北方农牧交错区、西北风沙干旱区、太行山沿线区及西南石漠化区，在地形版图中呈现由东北向华北—西南—西北镰刀弯状分布，是玉米结构调整的重点地区。其中，东北冷凉区包括黑龙江省北部和内蒙古东北部第四、第五积温带以及吉林省东部山区，北方农牧交错区涉及黑龙江、吉林、辽宁、内蒙古、山西、河北、陕西、甘肃等省（区）。

水稻面积，调减玉米面积，扩种大豆、杂粮、薯类和饲草作物，构建合理轮作制度。据此，东北地区开展种植业结构调整。

1. 辽宁省

2016 年，辽宁省计划调减玉米种植面积 200 万亩，其中，辽西北地区调减比重占全省的 70% 以上，调减的玉米种植面积用于发展花生、大豆、蔬菜、花卉、杂粮、薯类、食用菌、中药材、小浆果、烟草、优质牧草等。玉米种植重点是增加青贮玉米、优质加工玉米和鲜食玉米面积。调整后的布局是：在辽西北干旱地区积极推进设施农业建设，在辽西北山地丘陵地区扩大优质杂粮和花生种植面积，在东部冷凉山区以发展中药材、食用菌、小浆果为主，在中西部规模化养殖区，引导农民扩大青贮玉米、优质牧草种植面积，在辽河流域地区，增加稻谷和大豆种植面积。实际上，2016 年，玉米调减 236 万亩；2017 年，计划再调减 100 万亩，重点发展设施蔬菜和食用菌、中药材、花卉等区域特色高效产业，积极发展特色杂粮、青储玉米和优质牧草。为此，先后从玉米生产者补贴资金中调剂 10%、近 6 亿元用于支持种植业结构调整，玉米调减面积超额完成 100.05 万亩计划任务，新增优质粮食作物 80.25 万亩、蔬菜等高效经济作物 76.5 万亩。耕地轮作试点项目扩大到辽西北重点地区 21 个县。2018 年，调减玉米种植面积 77.6 万亩，建设高标准农田 189 万亩，新增高效节水灌溉面积 50 万亩；2019 年，建设高标准农田 191 万亩，新增设施农业 10.2 万亩；2020 年，把保障重要农产品有效供给作为头等大事，压实"米袋子""菜篮子"负责制。抗御干旱，抵御台风洪涝，在特殊的年份再夺农业丰收，粮食产量达到 2339 万吨；2021 年，推动脱贫攻坚与乡村振兴有效衔接，开展黑土地保护示范区建设 160 万亩，新建高标准农田 375 万亩、设施农业 10 万亩，粮食产量达到 2538.7 万吨，创历史新高。

2. 吉林省

2016 年，吉林省调减玉米的主要方向是中部稳定提升，西部保护挖潜，东部转型增效，城郊提档升级，调减的面积改种其他粮食作物、经济作物、饲料（草）作物、鲜食玉米、设施农业等。调整的区位重点主要在六个方面：一是从西部易旱区不具备抗夏伏旱能力地块中调减；二是从东部山区不适宜种玉米的坡耕地中调减；三是从节水增粮行动项目区调减；四是通过提升灌溉能力实施"旱改水"调减；五是从城郊都市圈中调减；六是通过粮改饲调减籽粒玉米。2016 年，实际调减籽粒玉米面积 310 万亩左右，主要改种大豆、杂粮杂豆、花生、稻谷和饲草等作物。2017 年，计划调减籽粒玉米面积 300 万亩以上，西部易旱区调减 120 万亩，东部山区实施玉米大豆轮作调减 80 万亩，实施"粮改饲"调减 80 万亩，实施旱改水调减 15 万亩，发展设施农业等调减玉米 10 万亩。2018 年，建成高标准农田 200 万亩，累计调减籽粒玉米种植面积 560 万亩，粮食产量达到 3633 万吨。2019 年，抗御春旱、台风等极端天气灾害，粮食总产量达到 3878 万吨，增产 245 万吨，净增量居全国第一，占全国总增量的 41.26%。2020年，坚持农业农村优先发展，加快建设现代农业，大力提高粮食综合生产能力，保护性耕作面积达到 1852 万亩，新建高标准农田 300 万亩，农作物耕种收综合机械化水平达到 91%。2021 年，积极引导农民优化种植结构，稳定增加粮食播种面积，粮食总产量达到 4039 万吨，比上年增长 6.2%。

3. 黑龙江省

2016 年，黑龙江省制定的目标是调减玉米种植面积 1000 万亩，重点是北部所属"镰刀弯"地区第四、第五积温带要确保调减玉米种植面积 500 万亩以上，发展食用大豆、马铃薯等适宜作物，实际上玉米调减 1922 万亩，经济作物新增 177.7 万亩。2017 年初，制订了全省继续调减玉米 1000 万亩和发展蔬菜、鲜食玉米、食用菌等特色作物 1000 万亩的"两个千万亩"调整目标，实际上调减玉米种植面积 1480 万亩，鲜食玉米、马铃薯、杂粮杂豆等高值高效作物面积增加到 1741 万亩，超额完成年初确定的"两个 1000 万亩"调整目标。在调整种植结构的同时，还开展玉米品质提升工程，通过调减非优势区玉米面积，严格按照退回 200℃积温的原则选择品种，推广标准化栽培模式，强化玉米促早熟和收后保管措施，单产、品质、收益均好于上年。2018 年，按照"减玉米、控稻谷、增豆麦、扩杂粮果蔬"的总体思路，通过政策引导、典型示范、新型经营主体带动等多种有效措施，调整优化区域布局和品种结构。继续调减第四、第五积温带非优势区籽粒玉米，调减三江平原井水灌、米质口感相对差、主要依靠粮库收购地区的稻谷。杂粮杂豆、蔬菜、食用菌等特色作物发展到 2000 万亩。大力实施优质粮食工程，重点推广高淀粉加工型玉米、高蛋白食用型大豆和品质优、适口性好的稻谷品种。2019 年，立足抗灾夺丰收，粮食总产达到 7503 万吨，实现"十六连丰"，大豆种植面积比上年增加 1067.6 万亩，耕地轮作休耕面积 1415 万亩，绿色和有机食品认证面积分别达到 7470 万亩、650 万亩。2020 年，粮食作物播种面积增加 150 万亩，建成高标准农田 886.7 万亩，绿色和有机食品认证面积分别达 7661.5 万亩、852.2 万亩。粮食总产量、商品量、调出量稳居全国第一，粮食第一大省地位继续稳固提升，粮食安全省长责任制考核连续四年位列全国优秀等次，国家粮食安全"压舱石"地位更加突出。2021 年，粮食总产达到 7867.5 万吨，创历史新高，新增产量占全国增量的 24.5%，新建高标准农田 1024.6 万亩，绿色有机食品认证面积 8816.8 万亩，继续保持全国第一。

综上所述，2016～2018 年，东北地区种植业结构调整的重点是调减东北冷凉区、北方农牧交错区玉米播种面积，2019～2021 年，种植业结构调整的重点是把保障重要农产品有效供给作为头等大事的前提下增加绿色和有机食品播种面积。

5.2 粮食作物数量（品种结构和区域布局）变化情况

依据《全国种植业结构调整规划（2016—2020 年）》，在品种结构调整方面，粮食重点是保口粮、保谷物，口粮重点发展稻谷和小麦，优化玉米结构，因地制宜发展食用大豆、薯类和杂粮杂豆。在区域布局调整方面，东北地区重点是稳定稻谷、调减非优势产区玉米、扩种大豆杂粮薯类和饲草作物，构建合理轮作制度。

5.2.1 品种结构调整情况

品种结构包括粮食作物和非粮食作物之间的结构、不同粮食作物之间的结构、同一粮食作物细分品种之间的结构三个层次。其中，同一粮食作物细分品种之间的结构举例，例如，按收获物和用途进行划分，玉米可分为籽粒玉米、青贮玉米、鲜食玉米；按油分、蛋白质的关系和用途划分，大豆可分为高油大豆、高蛋白大豆和双高大豆。

1. 粮食作物和非粮食作物播种面积变化情况

与 2011～2015 年对比，2016～2020 年，东北地区农作物播种面积在其农作物总播种面积中的占比都在增加。其中，粮食作物平均播种面积增加 1833.07 万亩，超过农作物平均播种面积增加值。粮食作物和非粮食作物平均播种面积结构比由 92.08：7.92 调整为 93.05：6.95。其中，粮食作物平均播种面积占比上升 0.96 个百分点，非粮食作物平均播种面积占比下降 0.96 个百分点。

分省看，与 2011～2015 年对比，2016～2020 年，辽宁省、吉林省、黑龙江省农作物播种面积和粮食作物平均播种面积都在增加，粮食作物平均播种面积分别增加 106.74 万亩、683.17 万亩、1043.16 万亩，均超过农作物平均播种面积增加值。辽宁省、吉林省、黑龙江省粮食作物和非粮食作物平均播种面积结构比分别由 82.32：17.68、91.1：8.9、95.32：4.68 调整为 82.75：17.25、91.85：8.15、96.48：3.52，辽宁省、吉林省、黑龙江省粮食作物平均播种面积占比分别上升 0.42 个、0.75 个、1.16 个百分点，非粮食作物平均播种面积占比下降 0.42 个、0.75 个、1.16 个百分点（见表 5-2）。总体看，东北地区种植业有进一步向粮食作物集中的趋势。

表 5-2   东北地区粮食作物和非粮食作物播种面积变化情况

地区	农作物	2016~2020 年平均		2011~2015 年平均		变化	
		播种面积（万亩）	占比（%）	播种面积（万亩）	占比（%）	播种面积（万亩）	占比（%）
辽宁省	粮食作物	5244.71	82.75	5137.97	82.32	106.74	0.42
	非粮食作物	1093.40	17.25	1102.85	17.68	-9.45	-0.42
吉林省	粮食作物	8403.84	91.85	7720.67	91.10	683.17	0.75
	非粮食作物	745.68	8.15	754.51	8.90	-8.83	-0.75
黑龙江省	粮食作物	21404.13	96.48	20360.98	95.32	1043.16	1.16
	非粮食作物	781.04	3.52	999.27	4.68	-218.22	-1.16
东北地区	粮食作物	35052.68	93.05	33219.62	92.08	1833.07	0.96
	非粮食作物	2620.12	6.95	2856.63	7.92	-236.51	-0.96

资料来源：根据国家统计局网站数据查询结果整理计算得出。

2. 稻谷、玉米和大豆杂粮薯类播种面积变化情况

与 2011~2015 年对比，2016~2020 年，东北地区稻谷、玉米、大豆杂粮薯类等平均播种面积都在增加。其中，大豆杂粮薯类等平均播种面积增加 1407.14 万亩，稻谷、玉米平均播种面积分别增加 215.92 万亩、210.01 万亩。稻谷、玉米、大豆杂粮薯类等平均播种面积结构比由 22.8∶57.87∶19.33 调整为 22.22∶55.44∶22.34。其中，稻谷、玉米平均播种面积占比分别下降 0.58 个、2.42 个百分点，大豆杂粮薯类等平均播种面积占比上升 3 个百分点。

分省看，与 2011~2015 年对比，2016~2020 年，辽宁省稻谷平均播种面积减少了 78.1 万亩，玉米、大豆杂粮薯类等平均播种面积都在增加，分别增加了 122.42 万亩、62.43 万亩；吉林省稻谷、玉米平均播种面积都在增加，分别增加了 136.14 万亩、644.4 万亩，大豆杂粮薯类等平均播种面积减少了 97.34 万亩；黑龙江省稻谷、大豆杂粮薯类等平均播种面积都在增加，分别增加了 157.88 万亩、1442.09 万亩，玉米平均播种面积减少了 556.81 万亩。辽宁省、吉林省、黑龙江省稻谷、玉米、大豆杂粮薯类等平均播种面积结构比分别由 16.03∶76.85∶7.13、14.32∶73.81∶11.87、

27.72：47.03：25.25 调整为 14.21：77.62：8.17、14.77：75.48：9.75、27.11：42.14：30.75（见表 5 - 3）。总体看，东北地区、黑龙江省玉米"一粮独大"的局面有所改善，不同粮食作物之间的结构趋于优化。

表 5 - 3　　　　　　东北地区稻谷、玉米和大豆杂粮薯类播种面积变化情况

地区	农作物	2016~2020 年平均		2011~2015 年平均		变化	
		播种面积（万亩）	占比（%）	播种面积（万亩）	占比（%）	播种面积（万亩）	占比（%）
辽宁省	稻谷	745.48	14.21	823.58	16.03	-78.10	-1.82
	玉米	4070.72	77.62	3948.30	76.85	122.42	0.77
	大豆杂粮薯类等	428.51	8.17	366.10	7.13	62.43	1.05
吉林省	稻谷	1241.48	14.77	1105.34	14.32	136.14	0.46
	玉米	6343.29	75.48	5698.89	73.81	644.40	1.67
	大豆杂粮薯类等	819.07	9.75	916.43	11.87	-97.34	-2.12
黑龙江省	稻谷	5802.57	27.11	5644.70	27.72	157.88	-0.61
	玉米	9019.31	42.14	9576.11	47.03	-556.81	-4.89
	大豆杂粮薯类等	6582.26	30.75	5140.17	25.25	1442.09	5.51
东北地区	稻谷	7789.53	22.22	7573.61	22.80	215.92	-0.58
	玉米	19433.31	55.44	19223.30	57.87	210.01	-2.42
	大豆杂粮薯类等	7829.84	22.34	6422.70	19.33	1407.14	3.00

资料来源：根据国家统计局网站数据查询结果整理计算得出。

3. 玉米细分品种播种面积变化情况

粮改饲[①]主要是采取以养带种方式推动玉米种植结构调整，促进青贮玉米、苜蓿、燕麦、甜高粱和豆类等饲料作物种植，收获加工后以青贮饲草料产品形式由牛羊等草食家畜就地转化，引导试点区域牛羊养殖从玉米籽粒饲喂向全株青贮饲喂适度转变。2015 年全国落实"粮改饲"面积 286

---

① 2015 年，国家启动实施"粮改饲"试点工作，中央财政投入资金 3 亿元，在河北省、山西省、内蒙古自治区、辽宁省、吉林省、黑龙江省、陕西省、甘肃省、宁夏回族自治区和青海省 10 省（区），选择 30 个牛羊养殖基础好、玉米种植面积较大的县开展以全株青贮玉米收储为主的粮改饲试点工作。

万亩。2016 年以来，"粮改饲"试点范围扩大到整个"镰刀弯"地区和黄淮海玉米主产区的 17 个省（区）。2022 年，继续在试点区域内实施粮改饲政策，以农牧交错带区域为重点，补助对象为收贮利用优质饲草料的草食家畜养殖场（户）、饲草料专业收贮企业（合作社）或社会化服务组织。补贴品种包括青贮玉米、苜蓿、饲用燕麦、黑麦草、饲用黑麦、饲用高粱以及其他优质饲草料，各地根据实际情况可将当地有使用习惯、养殖场户接受程度高的特色饲草品种纳入补贴范围，但不包括采收籽粒以后玉米秸秆或其他作物秸秆。补贴方式为各地根据收贮主体实际收贮饲草料的数量核算发放补贴资金规模，补贴标准由各地根据实际情况自主确定。2021 年4 月 20 日，农业农村部印发的《推进肉牛肉羊生产发展五年行动方案》提出，每年落实粮改饲面积 1500 万亩。

目前没有关于东北地区青贮玉米播种面积的官方统计数据，但其变化情况可以通过东北地区粮改饲试点实施范围变化情况间接获得。与 2015 年对比，2016 ~ 2020 年，东北地区粮改饲试点实施范围逐步扩大，辽宁省由法库、义县、西丰 3 个县扩大至沈阳市、鞍山市、抚顺市、锦州市、阜新市、铁岭市、朝阳市 7 个市的 33 个县，吉林省由长春市九台区、长岭县和镇赉县 3 个县（区）扩大至 18 个县（市、区）和延边州（整州推进），黑龙江省由齐齐哈尔市、克东县、双城区 3 个县（区）扩大至全省范围内（见表 5 - 4）。其中，辽宁省 2016 年全株玉米青贮总量超 144 万吨，2020年预计生产青贮饲料和干草 160.9 万吨。黑龙江省通过青贮饲料生产带动收贮饲料作物种植面积由 2016 年的 86 万亩以上增加到 2021 年的 92.1 万亩以上。总体看，东北地区青贮玉米播种面积在增加。

表 5 - 4　　　　2015 ~ 2020 年东北地区粮改饲试点实施范围变化情况

地区	2015 年	2016 年	2017 年	2018 年	2019 年	2020 年
辽宁省	3 个县	8 个县（区）	11 个县（市）	7 个市	7 个市	7 个市 33 个县
吉林省	3 个县（区）	3 个县（区）	21 个县（市、区）和延边州	18 个县（市、区）	18 个县（市、区）和延边州（整州推进）	
黑龙江省	3 个县（区）	6 个县（市）	全省范围内			

资料来源：《辽宁省粮改饲项目实施方案》《吉林省中央农业生产发展资金粮改饲试点项目实施方案》《黑龙江省粮改饲项目实施方案》等。

东北地区鲜食玉米播种面积变化情况存在显著差别。近年来，辽宁省鲜食玉米产业发展较快，2020年9月3日，国内首条鲜玉米棒生产线在辽宁省富安农业发展有限公司试车成功，预计企业未来5年年加工能力将从目前的2万吨提高到5万吨[①]；吉林省鲜食玉米播种面积从2010~2013年的140万亩锐减到2020年的不足40万亩[②]。为此，2020年5月，《吉林省关于加强鲜食玉米品牌建设加快鲜食玉米产业发展的实施意见》提出，力争用3~5年时间，全省鲜食玉米产量增加到30亿穗以上。黑龙江省鲜食玉米播种面积由2016年的46.4万亩增加到2020年的198.6万亩，成为近年来发展最快的经济作物。综上所述，青贮玉米、鲜食玉米播种面积的增加改变了籽粒玉米独占玉米市场的局面，玉米细分品种结构趋于优化。

5.2.2 区域布局调整情况

东北地区区域布局调整的重点是玉米。依据《全国种植业结构调整规划（2016—2020年）》，东北地区玉米区域布局调整的方向是保障优势产区玉米播种面积基本稳定，调减非优势产区玉米，构建合理轮作制度。依据《农业部关于"镰刀弯"地区玉米结构调整的指导意见》，东北地区玉米结构调整重点区域包括部分东北冷凉区和部分北方农牧交错区（见表5-5）。因此，将东北地区玉米区域分为优势产区、非优势产区（冷凉区和农牧交错区）两个区域来分析玉米区域布局调整情况。

1. 优势产区玉米播种面积变化情况

辽宁省沈阳市、吉林省四平市、黑龙江省哈尔滨市都位于东北玉米带[③]

[①] 台安年产2万吨鲜玉米棒加工线运行［EB/OL］. 台安县人民政府官网，2020-09-03.
[②] 《〈吉林省关于加强鲜食玉米品牌建设加快鲜食玉米产业发展的实施意见〉政策解读》［EB/OL］. 吉林省人民政府官网，2020-05-21.
[③] 东北玉米带从黑龙江省南部起始，包括吉林省、内蒙古自治区东部地区，延伸到辽宁省北部的区域，与同纬度的美国玉米带、乌克兰玉米带并称为世界"三大黄金玉米带"。

上，也都是辽宁省、吉林省、黑龙江省的玉米主产区。因此，选择这三个市来分析优势产区玉米播种面积变化情况。

表 5 – 5　　　　　　　　　东北地区玉米结构调整的重点区域

区域	区域特点	主攻方向
东北冷凉区	该区位于高纬度、高寒地区，包括黑龙江省北部和内蒙古自治区东北部第四、第五积温带以及吉林省东部山区，≥10℃积温在 1900～2300℃，冬季漫长而严寒，夏季短促，无霜期仅有 90 多天，昼夜气温变化较大，农作物生产容易遭受低温冷害、早霜等灾害的影响。由于多年玉米连作，造成土壤板结、除草剂残留药害严重，影响单产提高和品质提升	通过市场引导和政策扶持，把越区种植的玉米退出去，扩大粮豆轮作和粮改饲规模。内蒙古自治区、黑龙江省和吉林省要结合区内畜牧业发展的要求，大力发展青贮玉米，扩大饲料油菜种植，发展苜蓿等牧草生产，满足畜牧业发展对优质饲料的需求。发挥东北地区种植大豆的传统优势，恢复粮豆轮作种植模式。发展优质强筋春小麦，建立硬红春小麦生产基地。力争到 2020 年，调减籽粒玉米 1000 万亩以上
北方农牧交错区	该区是连接农业种植区和草原生态区的过渡地带，涉及黑龙江省、吉林省、辽宁省、内蒙古自治区、山西省、河北省、陕西省、甘肃省等省（区），属于半干旱半湿润气候区，土地资源丰富，光热条件好，但水资源紧缺，土壤退化沙化，是我国灾害种类多、发生频繁、灾情严重的地区，其中干旱发生概率最大、影响范围最广、危害程度最重	东北三省和内蒙古自治区结合畜牧业发展需求和大豆、花生、杂粮杂豆传统种植优势，以发展青贮玉米和粮豆轮作、花生、杂粮生产为主，同时积极发展饲草种植和饲料油菜；冀北、晋北和内蒙古自治区中部以发展耐旱型杂粮杂豆、马铃薯、经济林果为主，陕甘农牧交错区以发展杂粮杂豆为主，因地制宜发展饲料油菜；在生态脆弱区，积极发展耐盐耐旱的沙生植物等。力争到 2020 年，调减籽粒玉米 3000 万亩以上

资料来源：《农业部关于"镰刀弯"地区玉米结构调整的指导意见》。

与 2015 年对比，2016～2020 年，沈阳市玉米播种面积呈增加趋势，平均播种面积超过 2015 年的水平，但是在粮食作物播种面积中的占比均低于 2015 年的水平；四平市、哈尔滨市玉米播种面积均呈减少趋势，在粮食作物播种面积中的占比也均低于 2015 年的水平（见表 5 – 6）。总体看，优势产区玉米播种面积和在粮食作物播种面积中的占比均呈下降趋势，主要原因：一是优势产区自然条件较好、区位优势突出，蔬菜等经济作物播种面积增加较多；二是沈阳市、四平市、哈尔滨市稻谷的比较效益高于玉米，稻谷播种面积稳中有增。

表 5 - 6   2015 ~ 2020 年东北地区优势产区玉米播种面积变化情况

优势产区	2015 年		2016 年		2017 年		2018 年		2019 年		2020 年	
	面积(万亩)	占比(%)	面积(万亩)	占比(%)	面积(万亩)	占比(%)	面积(万亩)	占比(%)	面积(万亩)	占比(%)	面积(万亩)	占比(%)
辽宁省沈阳市	555.0	73.7	528.0	69.3	591.8	72.6	596.3	72.6	583.7	71.3	586.5	72.3
吉林省四平市	1213.9	92.5	1183.2	91.2	1212.1	90.5	1205.9	90.4	1196.6	89.8	769.1	88.1
黑龙江省哈尔滨市	1863.6	63.9	1814.1	63.7	1635.6	59.8	1731.9	61.1	1670.6	56.9	1644.4	55.5

资料来源:《辽宁省统计年鉴》(2016 ~ 2021 年)、《吉林省统计年鉴》(2016 ~ 2021 年)、《黑龙江省统计年鉴》(2016 ~ 2021 年)。

2. 非优势产区玉米播种面积变化情况

辽宁省朝阳市、吉林省白城市位于北方农牧交错区,吉林省延边朝鲜族自治州、黑龙江省黑河市位于东北冷凉区,北方农牧交错区、东北冷凉区都是玉米非优势产区,但是,在自然条件和玉米替代作物方面存在较大差异,北方农牧交错区传统优势作物是杂粮杂豆和饲草料,东北冷凉区传统优势作物是大豆等。因此,选择这四个市来分析非优势产区玉米播种面积变化情况。

与 2015 年对比,2016 ~ 2020 年,朝阳市、白城市玉米播种面积都在波动中呈增加趋势。其中,朝阳市玉米播种面积反弹超过 2015 年的水平,但是,在粮食作物播种面积中的占比均低于 2015 年的水平;延边朝鲜族自治州、黑河市玉米播种面积都在波动中呈减少趋势,近几年玉米播种面积有所反弹但均未超过 2015 年的水平,在粮食作物播种面积中的占比也均低于 2015 年的水平(见表 5 - 7)。总体看,非优势产区玉米播种面积和在粮食作物播种面积中的占比均呈下降趋势,说明其他粮食品种在粮食作物播种面积中的占比普遍上升,非优势产区玉米结构趋于优化。具体来看,农牧交错区玉米播种面积减少的并不多,部分地区甚至反弹超过 2015 年的水平,主要原因是农牧交错区玉米的替代作物主要是杂粮杂豆和饲草料等。但是,杂粮杂豆却经常面临卖价低甚至卖不出去的困境,并且缺少相应的支持政策。饲草料的种植主要靠国家粮改饲试点政策的支持引导,目前规模还偏小,还受制于当地畜牧业发展规模。冷凉区玉米播种面积相对减少较多,主要原因是冷凉区玉米的替代作物主要是大豆。相应的支持政策主要包括两个方面。一是大豆生产者补贴标准远高于玉米。2017～2022年，黑龙江省大豆、玉米生产者补贴差额分别为每亩40元、295元、200元、180元、220元。二是轮作①补贴标准较高且稳定。轮作每亩补贴150元，一定三年，滚动实施。2016年，黑河市轮作试点面积250万亩，占2015年玉米播种面积的34.9%。

表5-7 2015～2020年东北地区非优势产区玉米播种面积变化情况

非优势产区		2015年		2016年		2017年		2018年		2019年		2020年	
		面积（万亩）	占比（%）	面积（万亩）	占比（%）	面积（万亩）	占比（%）	面积（万亩）	占比（%）	面积（万亩）	占比（%）	面积（万亩）	占比（%）
北方农牧交错区	辽宁省朝阳市	468.8	82.8	448.1	78.7	499.1	79.2	506.5	80.4	494	77.4	516.9	78.2
	吉林省白城市	793.6	59.1	734.6	55.5	613.5	53.3	671.6	54.5	758.9	56.8	774.3	56.7
东北冷凉区	吉林省延边朝鲜族自治州	312.2	58.4	300.7	55.7	269.8	54.0	305	57.8	267.8	49.7	300.2	55.4
	黑龙江省黑河市	717.3	38.5	328.7	17.3	188.0	11.3	432.1	23.1	488.3	17.9	437.9	16.0

资料来源：《辽宁省统计年鉴》（2016～2021年）、《吉林省统计年鉴》（2016～2021年）、《黑龙江省统计年鉴》（2016～2021年）。

5.3 粮食作物质量变化情况

选取衡量稻谷、玉米、大豆质量的代表性指标，利用国家粮食和物资储备局每年公布的质量安全监测报告数据来分析东北地区粮食质量变化情况。

5.3.1 东北地区稻谷质量变化情况

虽然稻谷2018年开始实施"最低收购价＋生产者补贴"政策，但是

---

① 2016年，国家启动实施耕地轮作休耕制度试点。此后，试点规模不断扩大，区域不断拓展，成效逐步显现，初步探索了有效的组织方式、技术模式和政策框架。2022年，中央财政继续支持开展轮作休耕工作，每亩补助150元，主要在东北地区、黄淮海地区、长江流域、北方农牧交错区和西北地区开展粮、棉、油等轮作模式，以及开发冬闲田扩种冬油菜；支持在西南、黄淮海、西南和长江中下游等适宜地区开展大豆玉米带状复合种植；休耕每亩补助500元，主要在河北省、新疆维吾尔自治区地下水超采区。

2016 年稻谷最低收购价格首次下调就已经释放了改革信号。为应对这一冲击，东北地区各级政府通过品牌培育、订单收购、示范带动等措施引导优质、绿色稻谷的种植。《辽宁省稻谷种植结构调整资金项目实施意见》提出，明确要按照"稳粮、优供、增效"的要求，通过稻谷新品种的引进、选育、繁育、试验、示范，提升全省稻米生产质量和效益，推进稻谷种植结构调整。吉林省成立了吉林省大米产业联盟，联盟内的大米生产企业统一使用"吉林省大米"的文字及标识，并建立稻谷生产基地，实行订单收购，执行高于全国行业标准的大米企业加工标准。2020 年 7 月 16 日，"吉林省大米"入选新华社民族品牌。全省稻谷播种面积已由 2015 年的 1200 万亩增加到 1300 万亩，优良品种覆盖率超过 80%，中高端大米产量由 9 亿斤增加到 20 亿斤，带动农民增收 10 亿元。黑龙江省作为全国种植面积最大、总产量最高的优质粳稻产区，在国家标准的基础上制定了 4 项更严格的地方标准（《优质水稻生产技术规程》《亿亩生态高产标准农田优质水稻生产技术规程》《绿色食品水稻生产技术规程》《有机食品水稻生产技术规程》），通过对稻谷栽培、生产、加工、销售等全过程建立标准，促进和推动黑龙江省大米生产全省标准统一，以标准引领和规范优质粮食生产，多年已经培育一批优良大米地域品牌，例如，五常大米、庆安大米、方正大米、佳木斯大米等已经享誉国内外，同时还培育出一批企业品牌，例如，乔府大院、东禾米业等一些企业品牌已经在国内叫响。

稻谷的物理检验指标包括出糙率、整精米率、水分、杂质、谷外糙米、黄粒米等。其中，最重要的检验项目是出糙率[①]、整精米率[②]、不完善粒[③]（戴晓红，2019）。

与 2015 年对比，2016~2018 年，东北地区稻谷质量总体提高，表现

---

① 出糙率指净稻谷试样脱壳后，糙米的完善粒重量加上不完善粒重量的一半占试样重量的百分率，出糙率是确定粮食等级的指标，也是粮食收购、贸易定等作价的基础，并在一定程度上反映稻谷成熟度和受虫害影响的程度，越高越好。

② 整精米率反映稻谷使用品质、加工品质和商品价值的指标，稻谷籽粒越饱满、角质率越高，整精米率也越高。

③ 不完善粒指未成熟或受到损伤但尚有使用价值的粮食颗粒，是粮食入库时定等、定价的基础指标，也是粮食分等级分类储存的依据，越低越好。

在三个方面。一是一等品的比例均显著提高。辽宁省、吉林省、黑龙江省稻谷一等品的比例分别由 66.0%、63.0%、65.4% 提高至 72.0%、72.3%、74.3%。二是出糙率平均值、整精米率平均值总体提高，且变幅收窄。辽宁省、吉林省、黑龙江省稻谷出糙率平均值分别由 81.3%、81.3%、81.0% 提高至 81.8%、81.6%、81.7%，辽宁省、黑龙江省稻谷出糙率变幅也分别由 76.8%~83.6%、70.8%~88.2% 收窄至 79.1%~84.8%、75.5%~84.2%。辽宁省、黑龙江省稻谷整精米率平均值分别由 70.7%、68.9% 提高至 70.9%、71.5%，稻谷整精米率变幅也分别由 58.5%~75.7%、44.3%~78.3% 收窄至 58.7%~74.6%、54.8%~76.2%。三是不完善粒平均值总体下降，且变幅收窄。辽宁省、吉林省、黑龙江省稻谷不完善粒平均值分别由 3.3%、4.0%、3.3% 下降至 2.1%、3.0%、2.7%，辽宁省、黑龙江省不完善粒变幅也分别由 0.4%~8.8%、0.3%~21.1% 收窄至 0.2%~6.1%、0.2%~14.2%。

与 2016~2018 年对比，2020 年，东北地区稻谷质量明显下降，表现在三个方面。一是一等品的比例、中等品及以上均显著下降。辽宁省、吉林省、黑龙江省稻谷一等品的比例分别下降至 37.8%、25.7%、5.1%，中等品及以上分别下降至 96.2%、93.7%、88.9%。二是出糙率平均值、整精米率平均值总体下降，且变幅扩大。辽宁省、吉林省、黑龙江省稻谷出糙率平均值分别下降至 80.2%、79.3%、78.9%，出糙率变幅也分别扩大至 68.6%~84.9%、72.0%~84.6%、69.5%~83.8%。辽宁省、吉林省、黑龙江省稻谷整精米率平均值分别下降至 66.9%、63.5%、61.8%，稻谷整精米率变幅也分别扩大至 43.2%~76.5%、40.0%~77.4%、50.8%~74.0%。三是不完善粒平均值总体上升，且变幅扩大。辽宁省、吉林省、黑龙江省稻谷不完善粒平均值分别上升至 3.9%、3.3%、5.4%，不完善粒变幅也分别扩大至 0.3%~18.8%、0.2%~11.6%、1.6%~17.1%。

2021 年，东北地区稻谷质量好于 2019 年、2020 年，主要表现为一等品的比例、中等品及以上、出糙率平均值、整精米率平均值均提高（见表 5-8）。

表 5 - 8 　　　　　　　　2015 ~ 2021 年东北地区稻谷质量变化 　　　　　　　　单位：%

省份	指标	2015 年	2016 年	2017 年	2018 年	2019 年	2020 年	2021 年
辽宁省	一等品比例	66.0	60.0	81.0	72.0	37.0	37.8	56.6
	中等品及以上	99.0	99.0	99.0	100.0	97.0	96.2	99.3
	出糙率平均值	81.3	81.1	81.7	81.8	80.4	80.2	81.0
	出糙率变幅	76.8 ~ 83.6	78.0 ~ 83.6	76.3 ~ 84.1	79.1 ~ 84.8	75.5 ~ 83.0	68.6 ~ 84.9	73.8 ~ 88.3
	整精米率平均值	70.7	70.3	69.4	70.9	68.4	66.9	69.3
	整精米率变幅	58.5 ~ 75.7	57.4 ~ 75.0	53.0 ~ 75.9	58.7 ~ 74.6	57.0 ~ 74.4	43.2 ~ 76.5	47.4 ~ 81.1
	不完善粒平均值	3.3	0.5	2.7	2.1	4.3	3.9	3.0
	不完善粒变幅	0.4 ~ 8.8	0.1 ~ 1.8	0.5 ~ 8.4	0.2 ~ 6.1	0.7 ~ 13.0	0.3 ~ 18.8	0.1 ~ 16.9
吉林省	一等品比例	63.0	77.0	63.1	72.3	52.3	25.7	33.5
	中等品及以上	99.0	100.0	99.0	96.9	90.8	93.7	95.2
	出糙率平均值	81.3	81.6	80.5	81.6	80.3	79.3	80.1
	出糙率变幅	74.6 ~ 84.2	75.8 ~ 84.0	75.7 ~ 84.4	73.5 ~ 84.5	66.4 ~ 84.2	72.0 ~ 84.6	73.2 ~ 84.6
	整精米率平均值	70.7	71.4	70.3	69.8	67.5	63.5	65.7
	整精米率变幅	56.3 ~ 77.0	59.5 ~ 77.1	43.9 ~ 76.7	48.8 ~ 77.3	52.7 ~ 74.5	40.0 ~ 77.4	31.2 ~ 80.3
	不完善粒平均值	4.0	0.7	3.2	3.0	5.2	3.3	3.1
	不完善粒变幅	0.3 ~ 12.4	0.1 ~ 2.3	0.2 ~ 12.3	0.1 ~ 13.9	0.8 ~ 28.5	0.2 ~ 11.6	0.1 ~ 13.8
黑龙江省	一等品比例	65.4	54.3	55.1	74.3	14.9	5.1	5.7
	中等品及以上	98.7	98	99.4	99.7	85.1	88.9	91.8
	出糙率平均值	81.0	80.9	80.9	81.7	78.8	78.9	79.1
	出糙率变幅	70.8 ~ 88.2	75.2 ~ 84.0	74.0 ~ 84.3	75.0 ~ 84.2	55.5 ~ 83.4	69.5 ~ 83.8	—
	整精米率平均值	68.9	67.8	69.7	71.5	64.8	61.8	63.1
	整精米率变幅	44.3 ~ 78.3	41.9 ~ 76.3	50.1 ~ 75.7	54.8 ~ 76.3	32.0 ~ 72.8	50.8 ~ 74.0	—
	不完善粒平均值	3.3	0.8	3.6	2.7	6.1	5.4	4.8
	不完善粒变幅	0.3 ~ 21.1	0.1 ~ 2.1	0.3 ~ 10.1	0.2 ~ 14.2	0.8 ~ 30.4	1.6 ~ 17.1	—

注：—表示没有公布相关数据。

资料来源：根据国家粮食和物资储备局公布的资料整理。

总体来看，2016～2018 年，东北地区稻谷质量总体提高；2019 年、2020 年，稻谷质量明显下降。主要原因是阴雨天气多、光照不充足、温度偏低，以及一些雷雨大风强对流天气较多和后期病虫害也有一定程度的发生。2021 年，稻谷质量明显好于 2019 年、2020 年。

5.3.2 东北地区玉米质量变化情况

总体来看，容重①、杂质、水分、不完善粒②以及生霉粒指标是衡量籽粒玉米质量最基本也是最重要的指标，具有广泛代表性和权威性。此外，淀粉含量、粗蛋白质含量、粗脂肪含量是衡量籽粒玉米内在品质最重要的指标。

与 2015 年对比③，2016～2019 年，东北地区玉米质量总体提高，表现在四个方面。一是一等品的比例提高。黑龙江省玉米一等品的比例由 34.4% 提高至 49.9%，2018 年达到 63.9%。二是容重平均值提高，且变幅收窄。黑龙江省玉米容重平均值由 696 克/升提高至 717 克/升，容重变幅也由 574～800 克/升收窄至 646～769 克/升。辽宁省玉米容重平均值由 755 克/升提高至 756 克/升，2018 年达到 759 克/升。吉林省玉米容重平均值虽略有下降，但是变幅却由 659～797 克/升收窄至 688～788 克/升。三是不完善粒平均值、生霉粒含量平均值总体下降。辽宁省、黑龙江省玉米不完善粒平均值分别由 2.1%、4.5% 下降至 1.3%、2.1%。辽宁省、吉林省、黑龙江省玉米生霉粒含量平均值分别由 1%、1%、1.4% 下降至 0、0、0，即全部达标。四是内在品质总体提高。吉林省玉米淀粉含量平均值由 71.5% 提高至 71.8%。辽宁省、黑龙江省玉米淀粉含量平均值虽有下降，

---

① 容重反映玉米籽粒的饱满程度，即一升玉米的重量，容重越大质量越好，表示空瘪的玉米少。

② 不完善粒指的是有缺陷或受到损伤有使用价值的玉米粒，包括虫蚀粒、病斑粒、破损粒、生芽、生霉粒、热损伤粒。东北玉米在烘干过程中，水分快速下降，同时还有一些机械的操作，先烘干，然后仓储、筛选、装箱、出库等环节，会导致破碎粒增加。

③ 2015 年东北地区玉米整体质量为近年来较高水平，基本全部为一等品，无超标样品。

但是变幅却分别由 69.5% ~ 77.2%、68.6% ~ 77.2% 收窄至 69.0% ~ 73.6%、69.7% ~ 74.0%。吉林省、黑龙江省玉米粗脂肪含量平均值分别由 4.0%、4.2% 提高至 4.2%、4.4%，辽宁省玉米粗脂肪含量平均值基本不变，但是变幅却由 3.2% ~ 5.6% 收窄至 3.4% ~ 5.5%。辽宁省、黑龙江省玉米粗蛋白质含量平均值虽有下降，但是变幅却分别由 6.8% ~ 17.1%、6.5% ~ 27.4% 收窄至 7.2% ~ 10.3%、6.5% ~ 10.6%（见表 5 – 9）。

表 5 – 9　　　　　2015 ~ 2019 年东北地区籽粒玉米质量变化

省份	指标	2015 年	2016 年	2017 年	2018 年	2019 年
辽宁省	一等品比例（%）	98	97.9	95.6	98.4	97.4
	容重平均值（克/升）	755	751	754	759	756
	容重变幅（克/升）	712 ~ 797	712 ~ 787	693 ~ 793	714 ~ 792	687 ~ 784
	不完善粒含量平均值（%）	2.1	2.1	1.6	1.4	1.3
	生霉粒含量平均值（%）	1	1.2	0.6	0.5	0
	淀粉含量平均值（%）	72.1	71.9	72	72	71.4
	淀粉含量变幅（%）	69.5 ~ 77.2	69.7 ~ 74	70.0 ~ 73.7	70.2 ~ 74.1	69.0 ~ 73.6
	粗蛋白质含量平均值（%）	10	9	9.1	9.2	9.2
	粗蛋白质含量变幅（%）	6.8 ~ 17.1	7.5 ~ 10.9	7.1 ~ 11	7.4 ~ 10.7	7.2 ~ 10.3
	粗脂肪含量平均值（%）	4.2	4.1	3.8	4.1	4.2
	粗脂肪含量变幅（%）	3.2 ~ 5.6	3.2 ~ 5.1	3.0 ~ 5.3	3.2 ~ 4.8	3.4 ~ 5.5
吉林省	一等品比例（%）	90	85.6	80	91.4	83.1
	容重平均值（克/升）	743	742	738	744	738
	容重变幅（克/升）	659 ~ 797	659 ~ 788	681 ~ 788	683 ~ 787	688 ~ 788
	不完善粒含量平均值（%）	1.5	1.7	1.3	1.8	2.3
	生霉粒含量平均值（%）	1	1	0.6	0.5	0
	淀粉含量平均值（%）	71.5	71.7	72	71.9	71.8
	淀粉含量变幅（%）	69.5 ~ 73	68.9 ~ 74.4	70.0 ~ 73.7	69.1 ~ 73.8	70.0 ~ 73.9
	粗蛋白质含量平均值（%）	9.4	9.0	9.1	8.8	8.8
	粗蛋白质含量变幅（%）	7.2 ~ 11.4	6.8 ~ 10.6	7.1 ~ 11	6.9 ~ 10.8	6.8 ~ 10.4
	粗脂肪含量平均值（%）	4.0	3.9	3.8	4.1	4.2
	粗脂肪含量变幅（%）	3.4 ~ 5.2	3.2 ~ 5.1	3.0 ~ 5.3	3.3 ~ 4.8	3.5 ~ 5.4

续表

省份	指标	2015 年	2016 年	2017 年	2018 年	2019 年
黑龙江省	一等品比例（%）	34.4	34.6	40.5	63.9	49.9
	容重平均值（克/升）	696	704	708	728	717
	容重变幅（克/升）	574～800	631～787	590～789	670～785	646～769
	不完善粒含量平均值（%）	4.5	3.7	2.4	2.5	2.1
	生霉粒含量平均值（%）	1.4	0.8	0.8	0.9	0
	淀粉含量平均值（%）	74.1	71.9	71.7	71.7	71.7
	淀粉含量变幅（%）	68.6～77.2	69.1～73.6	69.8～73.7	69.6～73.8	69.7～74.0
	粗蛋白质含量平均值（%）	13.6	9.0	9.3	8.7	8.4
	粗蛋白质含量变幅（%）	6.5～27.4	7.2～10.9	7.5～11.6	7.5～10.2	6.5～10.6
	粗脂肪含量平均值（%）	4.2	4.0	3.9	4.2	4.4
	粗脂肪含量变幅（%）	3.4～5.6	3.3～5.5	3～4.9	3.5～5.2	3.6～5.5

注：截至数据统计时，国家粮食和物资储备局没有公布 2020 年、2021 年新收获玉米质量调查情况的报告；生霉粒含量平均值为 0 表示霉变粒指标全部达标。

资料来源：根据国家粮食和物资储备局公布的资料整理。

5.3.3 东北地区大豆质量变化情况

与 2015 年对比，2016～2019 年，东北地区大豆质量总体提高，表现在三个方面。一是一等品的比例总体提高。吉林省大豆一等品的比例由 26.6% 提高至 56.7%，黑龙江省大豆一等品的比例基本保持不变。二是损伤粒率平均值、完整粒率平均值均提高，且变幅收窄。吉林省、黑龙江省大豆损伤粒率平均值分别由 7.6%、7.8% 下降至 4.0%、5.0%，大豆完整粒率平均值分别由 91.2%、89.3% 上升至 94.7%、90.6%，且变幅也分别由 71.0%～98.6%、50.2%～99.3% 收窄至 83.9%～98.6%、58.0%～99.8%。三是内在品质总体提高。吉林省生产的大豆以高油大豆为主，黑龙江省生产的大豆以高蛋白大豆为主。吉林省大豆粗脂肪含量平均值由 19.9% 上升至 20.4%，且变幅也由 18.0%～22.0% 收窄至 18.8%～22.4%，达标高油大豆比例由 46.7% 上升至 80.0%。黑龙江省大豆粗蛋白含量平均值由 39.2% 上升至 40.2%，且变幅也由 35.0%～43.0% 收窄至 36.7%～

44.0%，达标高蛋白大豆比例由 37.0% 上升至 59.5%。

2020 年，受春播期间雨水偏少、伏天干旱、后期台风等因素影响，大豆成熟度不好，完整粒率平均值、中等以上比例均为近年来较低水平，整体质量下降。2021 年，吉林省中等以上的占 87.9%，较上年增加 7.9 个百分点，属于近五年正常水平，但一等品的比例较前三年平均值下降约 30 个百分点。达标高油大豆比例为近年来最高。黑龙江省中等以上的占 82.6%，与上年基本持平，但一等品的比例有所下降。达标高蛋白大豆比例为近年来最低水平（见表 5 - 10）。

表 5 - 10　　　　　　2015～2021 年东北地区大豆质量变化　　　　　单位：%

省份	指标	2015 年	2016 年	2017 年	2018 年	2019 年	2020 年	2021 年
吉林省	一等品比例	26.6	36.7	10.0	33.3	56.7	43.3	13.2
	损伤粒率平均值	7.6	6.7	7.5	6.7	4.0	7.0	6.4
	损伤粒率变幅	0.5～25.3	1.5～13.8	2.5～27.7	—	—	0.5～19.2	0.4～16.3
	完整粒率平均值	91.2	92.4	89.7	90.0	94.7	88.7	90.8
	完整粒率变幅	71～98.6	84.5～98.5	73.6～96.7	69～97.9	83.9～98.6	75.9～98.7	79.4～97.8
	粗脂肪含量平均值	19.9	20.7	20.8	20.0	20.4	22.1	22.0
	粗脂肪含量变幅	18.0～22.0	19.0～22.4	19.6～23.4	19.0～21.7	18.8～22.4	19.7～23.5	19.6～23.7
	达标高油大豆比例	46.7	76.7	86.7	53.3	80.0	83.3	93.3
	粗蛋白含量平均值	39.7	38.7	39.3	40.3	39.7	38.5	38.3
	粗蛋白含量变幅	37.1～42.0	36.3～43.7	35.4～43.0	36.0～44.4	36.7～42.0	36.7～43.6	34.9～42.6
	达标高蛋白大豆比例	46.7	20.0	40.0	60.0	36.7	40.0	23.3
黑龙江省	一等品比例	19.5	18.0	19.1	21.0	18.0	6.0	6.3
	损伤粒率平均值	7.8	7.1	5.6	3.8	5.0	5.0	3.6
	损伤粒率变幅	0.2～39.8	0.7～17.4	0.4～17.6	0～12.9	0.3～23	0～17.2	0～5.7
	完整粒率平均值	89.3	90.7	91.3	91.6	90.6	88.4	89.4

续表

省份	指标	2015 年	2016 年	2017 年	2018 年	2019 年	2020 年	2021 年
黑龙江省	完整粒率变幅	50.2 ~ 99.3	77.5 ~ 98.7	74.6 ~ 98.0	76.0 ~ 98.1	58.0 ~ 99.8	65.6 ~ 99.2	74.8 ~ 96.8
	粗脂肪含量平均值	20.1	20.5	20.0	20.0	20.0	20.1	20.1
	粗脂肪含量变幅	16.1 ~ 22.6	18.4 ~ 22.9	19.0 ~ 23.2	17.4 ~ 22.7	17.9 ~ 22.1	18.9 ~ 21.9	18.3 ~ 23.7
	达标高油大豆比例	57.5	69.5	46.9	45.5	47.5	46.5	43.5
	粗蛋白含量平均值	39.2	38.4	40.2	40.4	40.2	40.7	39.1
	粗蛋白含量变幅	35.0 ~ 43.0	35.0 ~ 42.7	35.5 ~ 43.1	35.6 ~ 44.6	36.7 ~ 44.0	36.9 ~ 44.5	31.8 ~ 44.6
	达标高蛋白大豆比例	37.0	18.0	60.3	60.0	59.5	60.5	27.5

注：—表示没有公布相关数据。
资料来源：根据国家粮食和物资储备局公布的资料整理。

5.4 本章小结

粮食主产区是历次种植业结构调整的重点。2011～2020 年，东北地区粮食作物播种面积在其农作物总播种面积中的占比平均达到 90% 以上。其中，辽宁省、吉林省、黑龙江省粮食作物播种面积平均分别占各省农作物总播种面积的 82.5%、91.5%、92.5%。因此，东北地区种植业结构调整主要就是粮食作物的结构调整。基于此，本章对东北地区种植业结构调整总体情况的分析从粮食作物数量和质量两个方面来考虑。

第一，确保粮食安全是进行种植业结构调整的首要原则，总量安全是重中之重。2016～2020 年，东北地区粮食产量分别为 13882.4 万吨、13895.1 万吨、13332 万吨、13810.9 万吨、13682.8 万吨。其中，2018 年、2020 年粮食产量虽略有减少，但仍处于历史高位，2016 年、2017 年、2019 年则均超过 2015 年的水平。2021 年，东北地区粮食产量达到 14445.6 万吨，对全国粮食增产的贡献率依然超过 50%。

第二，依据《全国种植业结构调整规划（2016—2020 年）》，在品种结构调整方面，粮食重点是保口粮、保谷物，口粮重点发展稻谷和小麦，优化玉米结构，因地制宜发展食用大豆、薯类和杂粮杂豆。东北地区粮食作物品种结构包括以下三个层次：一是粮食和非粮食作物；二是不同粮食作物之间；三是同一粮食作物细分品种。与 2011 ~ 2015 年对比，2016 ~ 2020 年，粮食作物和非粮食作物平均播种面积结构比由 92.08∶7.92 调整为 93.05∶6.95，种植业有进一步向粮食作物集中的趋势；稻谷、玉米、大豆杂粮薯类等平均播种面积结构比由 22.8∶57.87∶19.33 调整为 22.22∶55.44∶22.34，玉米"一粮独大"的局面有所改善，不同粮食作物的结构趋于优化；籽粒玉米独占玉米市场的格局有所改变。

第三，总体来看，优势产区玉米播种面积及在粮食作物播种面积中的比重都在下降，主要原因是自然条件较好、区位优势突出，玉米优势产区增加了较多经济作物。

第四，依据《全国种植业结构调整规划（2016—2020 年）》，在区域布局调整方面，东北地区重点是稳定稻谷、调减非优势产区玉米、扩种大豆杂粮薯类和饲草作物，构建合理轮作制度。东北地区玉米区域分为优势产区、非优势产区（冷凉区和农牧交错区）两个区域。总体来看，玉米非优势产区大豆、杂粮等其他粮食作物占比普通上升导致其玉米结构有所改善。

玉米播种面积在减少农牧交错区但并不多，甚至在部分地区出现反弹较多的情况。主要原因是农牧交错区玉米的替代作物主要是杂粮杂豆和饲草料等，但是杂粮杂豆却经常面临卖价低甚至卖不出去的困境，并且缺少相应的支持政策。发展饲草料种植目前还主要靠国家相关政策的支持，总体规模偏小的同时还受当地畜牧业发展情况的影响。

冷凉区玉米播种面积相对减少较多，主要原因是冷凉区玉米的替代作物主要是大豆，大豆的支持政策较稳定且补贴标准较高，主要包括以下两个方面。一是大豆生产者补贴标准远高于玉米。2017 ~ 2022 年，黑龙江省大豆生产者补贴标准都明显高于玉米生产者补贴标准。二是轮作补贴标准较高且稳定。轮作每亩补贴 150 元，一定三年，滚动实施。2016 年，黑河市轮作试点面积 250 万亩，占 2015 年玉米播种面积的 34.9%。

第五，与 2015 年对比，2016～2019 年，东北地区玉米质量总体提高。表现为一等品的比例提高，容重平均值提高且变幅收窄，不完善粒平均值、生霉粒含量平均值总体下降，内在品质总体提高；与 2015 年对比，2016～2019 年，东北地区大豆质量总体提高。主要表现为吉林省大豆粗脂肪含量平均值上升，达标高油大豆比例上升，黑龙江省大豆粗蛋白含量平均值上升，达标高蛋白大豆比例上升。2020 年，大豆整体质量受不利天气影响下降。2021 年，吉林省属于近五年正常水平，但是一等品的比例较前三年平均值下降较多。达标高油大豆比例为近年来最高；黑龙江省中等以上与上年基本持平，但一等品的比例有所下降。达标高蛋白大豆比例为近年来最低水平；2016～2018 年，东北地区稻谷质量总体提高，2019 年、2020 年，稻谷质量明显下降。原因主要是天气的不利影响。2021 年，稻谷总体质量又明显优于之前两年。

第六，东北地区是维护国家粮食安全"压舱石"，也是我国最大的玉米产区，玉米播种面积和产量都占全国总播种面积和总产量的 20% 左右。辽宁省、吉林省、黑龙江省分别划定玉米生产功能区 3400 万亩、5200 万亩、6200 万亩，分别占各省粮食生产功能区划定面积的 79.1%、80%、56.5%，玉米生产功能区建设是各省"两区"建设的重点。应通过落实高标准农田、大中型灌区续建配套及节水改造等农业基础设施建设投资向"两区"倾斜，率先在"两区"范围内建立以绿色生态为导向的农业补贴制度，推动"两区"农业保险全覆盖等政策支持措施，在"两区"内建设集中连片、旱涝保收、稳产高产、生态友好的高标准农田，提升优势产区产能。

第七，非优势产区玉米种植发展过快不仅使得水土流失、土壤沙化等问题加重，而且在玉米收储制度改革的背景下影响农民种植收入的提高。随着近年来玉米市场价格走高，巩固非优势产区结构调整成果、防止玉米播种面积大幅反弹面临较大的压力。要加大对籽粒玉米替代品种及配套技术研发的支持力度。支持农牧交错区加快建成"杂粮杂豆种植＋加工＋销售一体化"发展模式，做大杂粮杂豆产业。支持农牧交错区畜牧业发展，带动青贮玉米等饲草料生产。扩大冷凉地区耕地轮作试点规模，恢复玉米与大豆轮作制度。充分发挥玉米和大豆生产者补贴政策引导种植结构调整的作用。

第6章

东北地区玉米供给反应
实证研究*

农产品价格是影响农产品产量和农民收入的重要因素，供给反应则是衡量价格杠杆作用机制的基础（Nerlove and Bachman，1960）。Nerlove模型用于根据农产品的时间序列数据预测长期供给弹性，是应用最广泛的估计农产品供给反应的计量模型（Braulke，1982）。国内许多学者基于Nerlove模型及其扩展模型测算了粮食作物的供给弹性并分析了供给的影响因素。基于此，本章利用2008～2020年辽宁省、吉林省、黑龙江省三省省级玉米播种面积和出售价格的面板数据，加入替代作物比较效益和取消玉米临时收储政策虚拟变量，基于Nerlove模型对玉米供给反应进行实证研究，目的是分析东北地区玉米结构调整的影响因素及其背后的农户行为（王秋霖等，2021）。作为重要的背景资料，实证研究之前，先利用省级层面统计数据对东北地区粮食作物供给结构和成本收益变化情况进行简单的分析。

---

* 本章原文以《市场化改革背景下我国玉米供给反应实证研究——基于2008—2019年东北三省省级面板数据》为题发表于《中国农业资源与区划》2021年第10期，原作者为王秋霖、张宁宁、刘慧。

6.1 粮食作物供给结构和成本收益变化情况

6.1.1 供给结构变化情况

1. 总体变化情况

2000 年以来，我国粮食生产重心逐渐由西南向东北偏移（丁金梅等，2017），粮食产量区域差异的主要影响因素已经由人口和第一产业增加值转变为了耕地面积和农业机械总动力。同时，东北地区粮食作物多样性降低，逐渐向玉米、大豆、稻谷三种粮食作物集中。2000～2010 年，东北地区玉米、大豆、稻谷三种粮食作物播种面积合计占粮食作物播种面积的比重平均为 87.8%，2011～2015 年，这一比重上升至 95%，2016～2020 年，进一步上升至 96.1%。分品种看，2000～2010 年，东北地区玉米、大豆、稻谷、其他粮食作物播种面积占粮食作物播种面积的比重平均分别为43.9%、25.2%、18.7%、12.2%，2011～2015 年，这一比重平均分别为57.7%、14.2%、22.8%、5%，2016～2020 年，平均分别为 56.7%、16.2%、22.6%、4.5%（见图 6-1）。近十年，东北地区粮食作物供给结构的调整主要体现在玉米、大豆供给结构的变化上。

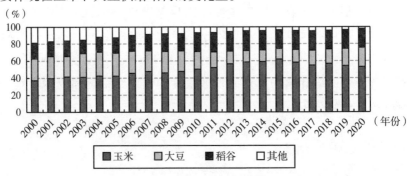

图 6-1 2000～2020 年东北地区粮食作物供给构成变化情况

资料来源：《中国统计年鉴》（2001～2021 年）。

2. 地区变化情况

2000～2010 年，辽宁省玉米、大豆、稻谷三种粮食作物播种面积合计占粮食作物播种面积的比重平均为85.2%，2011～2015 年，这一比重上升至95%，2016～2020 年，这一比重为94.1%。分品种看，2000～2010 年，辽宁省玉米、大豆、稻谷、其他粮食作物播种面积占粮食作物播种面积的比重平均分别为 58.7%、7.4%、19.1%、14.8%；2011～2015 年，这一比重分别为 76.7%、2.1%、16.1%、5%；2016～2020 年，这一比重分别为 77.6%、2.3%、14.2%、5.9%（见图 6－2）。近十年，辽宁省粮食作物供给结构的调整主要体现在稻谷供给结构的变化上。

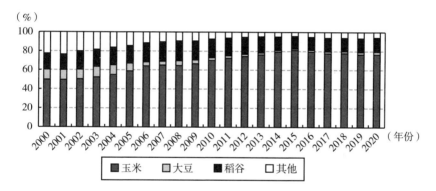

图 6－2 2000～2020 年辽宁省粮食作物供给构成变化情况
资料来源：《辽宁统计年鉴》（2001～2021 年）。

2000～2010 年，吉林省玉米、大豆、稻谷三种粮食作物播种面积合计占粮食作物播种面积的比重平均为90.2%，2011～2015 年，这一比重上升至 92.9%，2016～2020 年，进一步上升至 95.1%。分品种看，2000～2010 年，吉林省玉米、大豆、稻谷、其他粮食作物播种面积占粮食作物播种面积的比重平均分别为 64.9%、10.3%、15%、9.8%；2011～2015 年，这一比重分别为 73.7%、4.9%、14.3%、4.9%；2016～2020 年，这一比重分别为 75.5%、4.9%、14.8%、4.9%（见图 6－3）。近十年，吉林省粮食作物供给结构的调整主要体现在玉米供给结构的变化上。

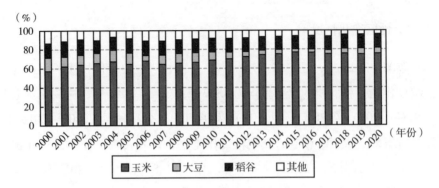

图6-3 2000~2020年吉林省粮食作物供给构成变化情况

资料来源:《吉林统计年鉴》(2001~2021年)。

黑龙江省玉米、大豆、稻谷三种粮食作物播种面积在粮食作物播种面积的平均比重由2000~2010年的87.4%上升到2011~2015年的95.9%,2016~2020年,则进一步上升至96.8%。分品种看,2000~2010年,黑龙江省玉米、大豆、稻谷、其他粮食作物播种面积占粮食作物播种面积的比重平均分别为29.8%、37.5%、20.1%、12.6%;2011~2015年,这一比重分别为46.9%、21.2%、27.7%、4.1%;2016~2020年,这一比重分别为42.2%、27.5%、27.1%、3.2%(见图6-4)。近十年,黑龙江省玉米、大豆供给结构的变化最明显。

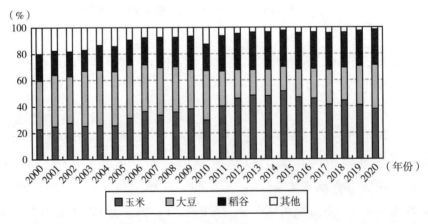

图6-4 2000~2020年黑龙江省粮食作物供给构成变化情况

资料来源:《黑龙江统计年鉴》(2001~2021年)。

总体来看，辽宁省、吉林省、黑龙江省都表现出粮食作物逐渐向玉米、大豆、稻谷三种粮食作物集中的趋势，2016~2020 年，三种粮食作物播种面积合计占粮食作物播种面积的比重平均分别为 94.1%、95.1%、96.8%。近十年，辽宁省、吉林省、黑龙江省粮食作物供给结构的调整主要体现在玉米、大豆、稻谷供给结构的变化上。因此，东北地区粮食供给结构的重点就是分析玉米、大豆、稻谷的供给变化。

6.1.2 成本收益变化情况

在分析收储制度改革以来东北地区玉米成本收益变化情况时，选取 2014 年、2015 年作为参照年份。为了便于对比分析，大豆、粳稻①成本收益变化情况的分析期间也统一为 2014~2020 年。

1. 玉米成本收益变化情况

2016~2020 年，辽宁省玉米亩均亏损平均为 154.9 元，低于 2015 年 222.84 元的水平；玉米平均出售价格呈上涨趋势，由每斤 0.7385 元上涨至 1.2268 元；玉米亩均产量年际间波动较大，最高年份和最低年份相差 200 斤以上；玉米亩均物质与服务费用、人工成本、土地成本平均分别为 362.08 元、330.38 元、277.7 元，低于 2014 年和 2015 年 373.09 元、360.05 元、335.72 元的平均水平（见表 6-1）。总体来看，辽宁省玉米亩均亏损减少，平均出售价格上涨，亩均总成本波动中上升。

表 6-1　　　　2014~2020 年辽宁省玉米亩均成本收益情况

指标	2014 年	2015 年	2016 年	2017 年	2018 年	2019 年	2020 年
主产品产量（斤）	946.08	817.78	912.68	947.64	745.62	939.28	773.16
平均出售价格（元/斤）	1.1545	1.0058	0.7385	0.8485	0.9063	0.8996	1.2268
总成本（元）	1067.12	1070.60	1027.61	910.64	947.52	967.38	997.65
生产成本（元）	744.99	721.29	704.51	673.52	686.80	692.07	705.42

① 东北地区稻谷全部是粳稻。

续表

指标	2014 年	2015 年	2016 年	2017 年	2018 年	2019 年	2020 年
物质与服务费用（元）	373.39	372.79	358.82	356.69	362.59	365.10	367.22
人工成本（元）	371.60	348.50	345.69	316.83	324.21	326.97	338.20
土地成本（元）	322.13	349.31	323.10	237.12	260.72	275.31	292.23
净利润（元）	53.00	-222.84	-329.03	-82.76	-248.89	-97.92	-15.90

资料来源：《全国农产品成本收益资料汇编》（2015～2021 年）。

2016～2020 年，吉林省玉米亩均净利润由负转正，主要原因是玉米平均出售价格由 2019 年的每斤 0.8490 元上涨至 2020 年的每斤 1.3017 元；玉米亩均产量最高年份比最低年份高 190 斤以上；玉米亩均物质与服务费用、人工成本、土地成本平均分别为 395.27 元、378.87 元、328.29 元，低于 2014 年和 2015 年 400.45 元、428.07 元、385.91 元的平均水平（见表 6－2）。总体来看，吉林省玉米亩均净利润由负转正，平均出售价格上涨，亩均总成本波动中上升。

表 6－2　　　　　　2014～2020 年吉林省玉米亩均成本收益情况

指标	2014 年	2015 年	2016 年	2017 年	2018 年	2019 年	2020 年
主产品产量（斤）	1047.94	1024.60	1172.22	1205.14	1012.58	1112.34	1042.46
平均出售价格（元/斤）	1.0984	1.0033	0.6451	0.7925	0.8045	0.8490	1.3017
总成本（元）	1198.04	1230.80	1172.65	1003.07	1054.33	1088.37	1193.71
生产成本（元）	817.61	839.42	804.71	743.53	727.88	757.25	837.30
物质与服务费用（元）	384.34	416.56	397.80	384.46	386.32	404.72	403.04
人工成本（元）	433.27	422.86	406.91	359.07	341.56	352.53	434.26
土地成本（元）	380.43	391.38	367.94	259.54	326.45	331.12	356.41
净利润（元）	-23.29	-181.99	-398.22	-29.99	-221.91	-127.36	179.03

资料来源：《全国农产品成本收益资料汇编》（2015～2021 年）。

2016～2020 年，黑龙江省玉米亩均净利润由负转正，主要原因是玉米平均出售价格由 2019 年的每斤 0.8087 元上涨至 2020 年的每斤 1.1023 元；玉米亩均产量都不到 950 斤；玉米亩均物质与服务费用、人工成本平均分别为 341.94 元、239.56 元，高于 2014 年和 2015 年 334.99 元、222.83 元的平均水平，亩均土地成本平均为 319.06 元，低于 2014 年和 2015 年 335.83 元的平均水平（见表 6－3）。总体来看，黑龙江省玉米亩均净利润由负转正，平均出售价格和亩均总成本都在波动中上升。

表 6 - 3 　　　　　**2014～2020 年黑龙江省玉米亩均成本收益情况**

指标	2014 年	2015 年	2016 年	2017 年	2018 年	2019 年	2020 年
主产品产量（斤）	1012. 58	895. 46	815. 62	921. 56	928. 66	930. 86	929. 52
平均出售价格（元/斤）	1. 0605	0. 9575	0. 6255	0. 7024	0. 7921	0. 8087	1. 1023
总成本（元）	888. 76	898. 52	903. 25	827. 82	863. 74	911. 38	996. 62
生产成本（元）	561. 28	554. 35	559. 14	567. 35	574. 13	566. 01	640. 89
物质与服务费用（元）	335. 10	334. 87	332. 04	336. 76	345. 83	329. 4	365. 69
人工成本（元）	226. 18	219. 48	227. 10	230. 59	228. 30	236. 61	275. 20
土地成本（元）	327. 48	344. 17	344. 11	260. 47	289. 61	345. 37	355. 73
净利润（元）	203. 30	- 24. 12	- 378. 56	- 166. 53	- 113. 23	- 143. 23	41. 17

资料来源：《全国农产品成本收益资料汇编》（2015～2021 年）。

2. 大豆成本收益变化情况

2016～2020 年，辽宁省大豆亩均净利润由负转正，主要原因是大豆平均出售价格由 2019 年的每斤 1. 8335 元上涨至 2020 年的每斤 2. 4643 元；除 2020 年外，大豆平均出售价格在下跌；大豆亩均产量在 300 斤左右波动；大豆亩均物质与服务费用、人工成本、土地成本平均分别为 259. 15 元、223. 76 元、223. 29 元，低于 2014 年和 2015 年 262. 17 元、254. 08 元、259. 82 元的平均水平（见表 6 - 4）。总体来看，辽宁省大豆亩均净利润由负转正，平均出售价格、亩均总成本先降后升。

表 6 - 4 　　　　　**2014～2020 年辽宁省大豆亩均成本收益情况**

指标	2014 年	2015 年	2016 年	2017 年	2018 年	2019 年	2020 年
主产品产量（斤）	283. 32	235. 26	317. 48	300. 88	282. 90	333. 58	293. 38
平均出售价格（元/斤）	2. 3601	2. 2177	2. 0316	2. 0290	1. 9376	1. 8335	2. 4643
总成本（元）	783. 18	768. 94	770. 01	703. 08	680. 62	671. 65	705. 64
生产成本（元）	529. 18	503. 31	514. 88	480. 23	468. 01	464. 64	486. 79
物质与服务费用（元）	270. 13	254. 21	261. 98	243. 27	254. 43	257. 72	278. 36
人工成本（元）	259. 05	249. 10	252. 90	236. 96	213. 58	206. 92	208. 43
土地成本（元）	254. 00	265. 63	255. 35	222. 85	212. 61	207. 01	218. 85
净利润（元）	- 96. 33	- 231. 32	- 109. 56	- 77. 57	- 116. 67	- 44. 10	32. 84

资料来源：《全国农产品成本收益资料汇编》（2015～2021 年）。

2016～2020 年，吉林省大豆亩均亏损平均为 204.65 元，高于 2014 年和 2015 年 169.34 元的平均水平；除 2020 年外，大豆平均出售价格每斤都不到 1.8 元；除 2019 年外，大豆亩均产量都不到 300 斤；大豆亩均物质与服务费用、人工成本、土地成本平均分别为 228.77 元、276.5 元、269.28 元，低于 2014 年和 2015 年 247.28 元、279.59 元、298.74 元的平均水平（见表 6-5）。总体来看，吉林省大豆亩均亏损波动中减少，除 2020 年外，平均出售价格都处于低位，亩均总成本波动中上升。

表 6-5　　　　　2014～2020 年吉林省大豆亩均成本收益情况

指标	2014 年	2015 年	2016 年	2017 年	2018 年	2019 年	2020 年
主产品产量（斤）	327.58	298.18	293.52	286.40	286.82	315.98	275.06
平均出售价格（元/斤）	2.1006	2.0074	1.7903	1.7571	1.6795	1.7048	2.6891
总成本（元）	825.02	826.17	779.98	728.18	789.14	753.75	821.69
生产成本（元）	536.09	517.63	508.39	490.40	510.24	485.49	531.83
物质与服务费用（元）	263.48	231.07	222.83	229.90	232.35	226.43	232.33
人工成本（元）	272.61	286.56	285.56	260.5	277.89	259.06	299.50
土地成本（元）	288.93	308.54	271.59	237.78	278.90	268.26	289.86
净利润（元）	-122.63	-216.06	-243.19	-214.41	-294.91	-202.00	-68.72

资料来源：《全国农产品成本收益资料汇编》（2015～2021 年）。

2016～2020 年，黑龙江省大豆亩均亏损平均为 198.05 元，远高于 2014 年和 2015 年 53.37 元的平均水平；除 2020 年外，大豆平均出售价格每斤都不到 1.8 元；大豆亩均产量都不到 300 斤；大豆亩均物质与服务费用平均为 211.6 元，略低于 2014 年和 2015 年 214.91 元的平均水平，亩均人工成本、土地成本平均分别为 165.23 元、325.98 元，高于 2014 年和 2015 年 140.07 元、303.93 元的平均水平（见表 6-6）。总体来看，黑龙江省大豆亩均亏损在波动中有所减少，大豆平均出售价格处于低位，亩均总成本上升。

表 6-6　　　　　2014～2020 年黑龙江省大豆亩均成本收益情况

指标	2014 年	2015 年	2016 年	2017 年	2018 年	2019 年	2020 年
主产品产量（斤）	319.20	278.64	231.20	296.78	270.20	259.20	272.44
平均出售价格（元/斤）	2.0970	1.8650	1.7359	1.7451	1.7387	1.7469	2.3164
总成本（元）	650.20	667.59	670.45	657.25	677.15	725.83	783.41

续表

指标	2014 年	2015 年	2016 年	2017 年	2018 年	2019 年	2020 年
生产成本（元）	355.02	354.92	357.35	363.17	372.06	374.01	417.59
物质与服务费用（元）	215.28	214.53	210.96	210.70	213.45	198.67	224.23
人工成本（元）	139.74	140.39	146.39	152.47	158.61	175.34	193.36
土地成本（元）	295.18	312.67	313.10	294.08	305.09	351.82	365.82
净利润（元）	30.98	-137.71	-259.97	-130.52	-198.30	-263.55	-137.92

资料来源：《全国农产品成本收益资料汇编》（2015～2021 年）。

3. 粳稻成本收益变化情况

2016～2020 年，辽宁省粳稻亩均净利润平均为 236.51 元，远低于 2014 年和 2015 年 462.27 元的平均水平；粳稻平均出售价格在下跌；粳稻亩均产量稳定在 1200 斤左右；粳稻亩均物质与服务费用、人工成本、土地成本平均分别为 635.09 元、471.33 元、491.26 元，高于 2014 年和 2015 年 594.07 元、458.45 元、420.39 元的平均水平（见表 6-7）。总体来看，辽宁省粳稻亩均净利润减少，平均出售价格下跌，亩均总成本上升。

表 6-7　　　　2014～2020 年辽宁省粳稻亩均成本收益情况

指标	2014 年	2015 年	2016 年	2017 年	2018 年	2019 年	2020 年
主产品产量（斤）	1263.9	1257.88	1255.54	1247.64	1198.04	1191.26	1287.76
平均出售价格（元/斤）	1.4930	1.4967	1.5272	1.5365	1.4560	1.3684	1.3992
总成本（元）	1423.75	1522.06	1553.37	1584.60	1616.04	1623.71	1628.68
生产成本（元）	1020.68	1084.35	1077.60	1099.44	1118.32	1117.47	1119.28
物质与服务费用（元）	591.37	596.77	609.80	629.36	636.57	644.84	654.89
人工成本（元）	429.31	487.58	467.80	470.08	481.75	472.63	464.39
土地成本（元）	403.07	437.71	475.16	485.16	479.72	506.24	509.40
净利润（元）	512.46	412.07	412.17	375.78	167.85	29.27	197.47

资料来源：《全国农产品成本收益资料汇编》（2015～2021 年）。

2016～2020 年，吉林省粳稻亩均净利润平均为 163.57 元，低于 2014 年和 2015 年 195.52 元的平均水平；粳稻平均出售价格在下跌；粳稻亩均产量稳定在 1100 斤左右；粳稻亩均物质与服务费用平均为 513.93 元，略高于 2014 年和 2015 年 512.48 元的平均水平，亩均人工成本、土地成本平均分别为 507.67 元、433.98 元，低于 2014 年和 2015 年 530.93 元、446.88 元

的平均水平（见表6-8）。总体来看，吉林省粳稻亩均净利润减少，平均
出售价格下跌，亩均总成本基本稳定。

表6-8　　　　　2014~2020年吉林省粳稻亩均成本收益情况

指标	2014年	2015年	2016年	2017年	2018年	2019年	2020年
主产品产量（斤）	1077.20	1112.94	1124.82	1043.04	1091.46	1088.36	1107.00
平均出售价格（元/斤）	1.5218	1.5123	1.5472	1.5015	1.4724	1.3438	1.4623
总成本（元）	1466.33	1514.23	1471.29	1440.87	1434.38	1454.09	1477.31
生产成本（元）	1034.99	1051.81	1027.72	1004.92	1003.29	1030.35	1041.74
物质与服务费用（元）	510.38	514.57	500.54	492.80	523.89	533.10	519.33
人工成本（元）	524.61	537.24	527.18	512.12	479.4	497.25	522.41
土地成本（元）	431.34	462.42	443.57	435.95	431.09	423.74	435.57
净利润（元）	199.68	191.35	289.79	145.40	193.74	28.21	160.73

资料来源：《全国农产品成本收益资料汇编》（2015~2021年）。

2016~2020年，黑龙江省粳稻亩均净利润由正转负，主要原因是价格
下跌、成本上升；粳稻平均出售价格先跌后涨；粳稻亩均产量稳定在1000
斤左右；粳稻亩均物质与服务费用平均为508.93元，略低于2014年和
2015年512.2元的平均水平，亩均人工成本、土地成本平均分别为382.62
元、499.14元，高于2014年和2015年340.85元、472.82元的平均水平
（见表6-9）。总体来看，黑龙江省粳稻亩均净利润由正转负，平均出售价
格先跌后涨，亩均总成本上升。

表6-9　　　　　2014~2020年黑龙江省粳稻亩均成本收益情况

指标	2014年	2015年	2016年	2017年	2018年	2019年	2020年
主产品产量（斤）	1055.12	1024.98	1048.14	1043.10	1039.24	976.70	1008.22
平均出售价格（元/斤）	1.5498	1.5326	1.5141	1.4717	1.3275	1.3185	1.4156
总成本（元）	1320.28	1322.44	1328.41	1338.58	1381.65	1405.69	1499.12
生产成本（元）	852.68	853.40	852.18	852.29	883.03	891.74	978.50
物质与服务费用（元）	514.53	509.86	507.52	512.83	523.37	481.62	519.31
人工成本（元）	338.15	343.54	344.66	339.46	359.66	410.12	459.19
土地成本（元）	476.60	469.04	476.23	486.29	498.62	513.95	520.62
净利润（元）	326.92	260.24	270.30	202.14	3.63	-109.21	-66.27

资料来源：《全国农产品成本收益资料汇编》（2015~2021年）。

由于黑龙江省玉米、大豆、稻谷生产者补贴都是全省统一标准，辽宁

省、吉林省以县为单位制定补贴标准。因此，以黑龙江省为例，分析加生产者补贴后玉米、大豆、粳稻成本收益变化情况。2016～2020年，加生产者补贴后玉米亩均净利润由负转正，分别为 -224.64 元、 -33.07 元、 -88.23元、 -113.23 元、79.17 元，其中，2016～2019 年，玉米生产者补贴分别弥补了亏损的40.7%、80.1%、22.1%、20.9%。2017 年、2018 年、2020年，加生产者补贴后大豆亩均净利润由负转为正，分别为42.94 元、121.7元、100.08 元，大豆生产者补贴弥补了全部亏损。2019 年，加生产者补贴后大豆亩均净利润 -8.55 元，大豆生产者补贴弥补了亏损的96.8%。2018～2020 年，加生产者补贴后粳稻地下水灌溉亩均净利润分别为96.42 元、 -16.21 元、19.33 元，地表水灌溉亩均净利润分别为136.53 元、23.79元、69.73 元，其中，2019 年，稻谷生产者补贴弥补了地下水灌溉亏损的85.2%（见表6-10）。

表6-10　　　　2016～2020 年加生产者补贴后黑龙江省玉米、
大豆、粳稻亩均成本收益情况
单位：元/亩

粮食作物	指标		2016 年	2017 年	2018 年	2019 年	2020 年
玉米	净利润		-378.56	-166.53	-113.23	-143.23	41.17
	生产者补贴标准		153.92	133.46	25.00	30.00	38.00
	加生产者补贴后净利润		-224.64	-33.07	-88.23	-113.23	79.17
大豆	净利润		—	-130.52	-198.3	-263.55	-137.92
	生产者补贴标准		—	173.46	320	255.00	238.00
	加生产者补贴后净利润		—	42.94	121.7	-8.55	100.08
粳稻	净利润		—	—	3.63	-109.21	-66.27
	生产者补贴标准	地下水	—	—	92.79	93.00	86.00
		地表水	—	—	132.79	133.00	136.00
	加生产者补贴后净利润	地下水	—	—	96.42	-16.21	19.33
		地表水	—	—	136.53	23.79	69.73

资料来源：《全国农产品成本收益资料汇编》（2017～2021 年）、黑龙江省历年公布的玉米、大豆、稻谷生产者补贴标准。

6.2 供给反应实证研究

6.2.1 模型设定与数据说明

在供给的影响因素中，一般会考虑出售价格、生产成本、替代作物出售价格、政策等因素。其中，选择替代作物和引入哪种政策成为学者们研究中重点关注的问题。在选择替代作物方面，尽管学者们普遍认为每一个粮食主产省每一种粮食作物的替代作物不止一种，但是为了分析方便，通常每种粮食作物只考虑一种替代作物。例如，稻谷的替代作物选择大豆（林大燕等，2015）或者玉米（周洲、石奇，2018），小麦的替代作物选择油菜（刘俊杰、周应恒，2011；林大燕等，2015；周洲、石奇，2018），玉米的替代作物东北三省选择大豆（钱文荣、王大哲，2015；林大燕等，2015；周洲、石奇，2018）、河南省选择稻谷（周洲、石奇，2018），大麦的替代作物选择小麦（张琳等，2014）。在引入政策方面，主要包括：2001 年的粮食市场化改革政策[①]（钱文荣、王大哲，2015）；2004 年开始的粮食直补和良种补贴政策（范垄基等，2012）；2004 年开始的粮食最低收购价政策（周洲、石奇，2018）；2008 年开始的重要农产品临时收储政策（刘宏曼、郭鉴硕，2017）。然而，在研究东北地区粮食作物供给反应问题时，替代作物和政策都有特殊性。第一，东北地区粮食生产类型多样性降低（刘大千等，2019），稻谷、玉米和大豆互为主要替代作物，种植效益的差异导致大豆、稻谷和玉米供给存在"跷跷板"现象（高鸣、习银生，2018）；第二，2016 年开始我国政府取消玉米临时收储政策，同时在东北三省和内蒙古自治区建立玉米生产者补贴制度。尽管政策实施时间较短，但是对东北地区粮食作物供给结构已经产生了显著的影响（朱晓乐，

---

① 2001 年在北京市等 8 个粮食主销省实施以取消粮食定购任务为核心的粮食购销市场化改革政策。

2018；顾莉丽等，2018）。

1. Nerlove 模型基本形式

Nerlove 模型假定农户根据预期价格调整播种面积（或产量）以减少外部冲击产生的不利影响，它可以表示为播种面积（或产量）是预期价格及其他外生变量的函数。Nerlove 模型的核心部分由以下三个方程构成：

$$A_t^e = a_0 + a_1 P_t^e + a_2 Z_t + u_t \tag{6.1}$$

$$P_t^e - P_{t-1}^e = \beta(P_{t-1} - P_{t-1}^e) \tag{6.2}$$

$$A_t - A_{t-1} = \gamma(A^e - A_{t-1}) \tag{6.3}$$

其中，A_t 和 A_t^e 表示 t 期的实际播种面积（或产量）和长期均衡时的播种面积（或产量）；P_t 和 P_t^e 表示 t 期的实际价格和预期价格；Z_t 表示 t 期影响播种面积（或产量）的其他外生变量；参数 β 和 γ 表示预期价格调整系数和预期播种面积（或产量）调整系数，且有 $0 < \beta \le 1$、$0 < \gamma \le 1$；u_t 表示随机误差项。

消除式（6.1）至式（6.3）中的不可观测变量 A_t^e 和 P_t^e，将式（6.2）反复迭代结果与式（6.1）和式（6.3）整理后得到简化形式的 Nerlove 模型：

$$A_t = \lambda_0 + \lambda_1 A_{t-1} + \lambda_2 A_{t-1} + \lambda_3 A_t + v_t \tag{6.4}$$

其中，$\lambda_0 = \gamma \alpha_0$，$\lambda_1 = -\gamma + 1$，$\lambda_2 = \gamma \alpha_1$，$\lambda_3 = \gamma \alpha_2$，$v_t = \gamma u_t$。

估计出 λ_1、λ_2 值后，就可以计算。供给的短期价格弹性：

$$\varepsilon_s = \lambda_2 \frac{\bar{P}}{\bar{A}} \tag{6.5}$$

供给的长期价格弹性：

$$\varepsilon_L = \frac{\lambda_2}{1 - \lambda_1} \times \frac{\bar{P}}{\bar{A}} \tag{6.6}$$

其中，$\bar{P}$ 和 $\bar{A}$ 表示根据历史数据计算的价格和播种面积（或产量）的平均值。

2. 供给反应模型设定

为避免气候、自然灾害等不可控因素对单产的影响，且播种面积也是粮食作物供给结构最直观的体现，故采用播种面积来反映东北地区玉米的供给。在 Nerlove 模型基本形式的基础上，将滞后一期替代作物比较效益、政策虚拟变量引入模型作为自变量。因此，建立的玉米供给反应模型考虑了三种情况：（1）供给的影响因素不考虑替代作物比较效益和取消玉米临时收储政策的影响；（2）供给的影响因素考虑了替代作物比较效益的影响，即引入滞后一期玉米大豆出售价格比和滞后一期玉米稻谷出售价格比；（3）供给的影响因素考虑了取消玉米临时收储政策的影响。

为了使残差项满足同方差性和正态分布假设，对供给反应模型中的变量数据取了对数。那么，供给的短期价格弹性就是模型回归结果中的出售价格变量的系数估计值。

综上所述，构建的玉米供给反应模型为：

$$\ln A_t = c_0 + c_1 \ln A_{t-1} + c_2 \ln P_{t-1} + c_3 \ln E1_{t-1} + c_4 \ln E2_{t-1} + c_5 D + u_t \quad (6.7)$$

其中，A_t、A_{t-1} 分别表示当期、滞后一期的玉米播种面积；P_{t-1} 表示滞后一期的玉米出售价格；$E1_{t-1}$、$E2_{t-1}$ 分别表示滞后一期玉米大豆出售价格比、滞后一期玉米稻谷出售价格比；D 为政策虚拟变量，以 2016 年取消玉米临时收储政策为期限，2008～2016 年取 0，2017～2020 年取 1。根据供给的价格弹性的定义，短期供给价格弹性（ε_s）就等于 c_2，长期供给价格弹性（ε_L）就等于 $c_2/(1-c_1)$。

3. 数据说明

根据对《辽宁省统计年鉴》（2009～2021 年）、《吉林省统计年鉴》（2009～2021 年）、《黑龙江省统计年鉴》（2009～2021 年）公布的辽宁省、吉林省、黑龙江省三省玉米播种面积数据的分析发现，2008 年是各省玉米播种面积变化的转折点，即自 2008 年起各省玉米播种面积呈快速增加趋势，同时 2008 年也是玉米实施临时收储政策的年份。为了便于更清晰地分析取消玉米临时收储政策对玉米供给的影响，数据期间选为 2008～2020 年。

玉米播种面积和种植业产品生产者价格指数数据均来自《中国统计年鉴》（2009～2021 年），玉米、大豆、稻谷出售价格按《全国农产品成本收益资料汇编》（2008～2020 年）中辽宁省、吉林省、黑龙江省每 50 公斤主产品平均销售价格计算得出数据。

为消除通货膨胀因素对市场价格的影响，对出售价格数据采用种植业产品生产者价格指数（以 2008 年为基期）进行了平减。根据对上述数据的整理和初步处理，得到玉米供给反应模型所使用变量的描述性统计（见表 6-11）。

表 6-11 变量的描述性统计

变量	均值	最大值	最小值	标准差
玉米播种面积（千公顷）	3975.509	7361.150	1884.900	1582.440
玉米出售价格（元/公斤）	1.694	2.250	1.110	0.329
玉米大豆出售价格比	0.441	0.523	0.310	0.057
玉米稻谷出售价格比	0.668	0.868	0.413	0.108

6.2.2 实证结果与分析

1. 实证结果

因为 Nerlove 模型中解释变量包含因变量的滞后项和价格的滞后项，如果用普通最小二乘法进行估计可能存在序列自相关和多重共线性，而通过面板数据采用广义最小二乘法进行估计则可以避免这一问题（刘俊杰、周应恒，2011）。

使用 EViews 12 统计软件对式（6.5）所示的玉米供给反应模型进行估计，所得估计结果如表 6-12 所示。表 6-12 中 4 个回归方程调整的 R^2 都在 0.97 以上，DW 统计值都在 2 附近，所有变量都具有统计显著性。根据调整的 R^2 和 F 检验的结果看，构建的玉米供给反应模型的拟合效果较好。

表 6 - 12   玉米供给反应模型回归结果

变量	不考虑替代作物和取消玉米临时收储政策的影响		考虑替代作物的影响				考虑取消玉米临时收储政策的影响	
	回归 1		回归 2		回归 3		回归 4	
	系数估计值	T统计值	系数估计值	T统计值	系数估计值	T统计值	系数估计值	T统计值
常数项	0.281	1.399	1.6	4.129	0.09	0.412	-0.068	-0.316
滞后一期玉米播种面积	0.964***	39.549	0.821***	18.397	0.996***	35.819	1.014***	38.35
滞后一期玉米出售价格	0.079***	2.749	—	—				
滞后一期玉米和大豆出售价格比	—	—	0.135***	2.899				
滞后一期玉米和稻谷出售价格比	—	—			0.068*	1.943		
取消玉米临时收储政策虚拟变量	—	—					-0.053***	-4.588
调整 R²	0.976		0.977		0.975		0.979	
DW 值	1.901		2.004		2.024		1.965	
F 值	782.302		416.632		735.674		900.975	
P 值	0		0		0		0	
短期价格供给弹性	0.079		—		—		—	
长期价格供给弹性	2.194		—		—		—	

注：*、*** 分别表示在 10%、1% 的水平上显著。

2. 结果分析

根据表 6 - 12 中回归 1 的估计结果，可直接得到玉米的短期价格供给弹性为 0.079，并计算得出其长期价格供给弹性为 2.194。即短期内玉米价格上升 1%，其播种面积增加 0.079%，缺乏弹性；长期内玉米价格上升 1%，其播种面积增加 2.194%，富有弹性。这表明，玉米预期出售价格的上升会引导农户扩大玉米播种面积，并且长期内东北地区玉米播种面积对其出售价格变动的反应较敏感。这说明，长期内种植习惯、种植技术和投入成本等约束条件都可以调整，通过提高玉米价格激励农户扩大玉米播种面积的潜力较大。实践也表明，通过提高玉米价格激励农户提高玉米的播种面积产生显著效果。2008～2015 年，国家将玉米临时收储价格由每斤 0.75 元[①]提高到每斤 1.12 元，东北地区玉米播种面积则由 872.19 万公顷增加至 1.4 亿公顷；2018 年以来，玉米市场价格不断走高，东北部分地区玉米播种面积（更多集中于非优势产区）出现大范围反弹甚至超过 2015 年的水平。

从表 6 - 12 中 4 个回归的估计结果看，滞后一期玉米播种面积对当期玉米播种面积均具有显著的正向影响，模型表现出 1% 水平上的统计显著性。这表明，东北地区玉米播种面积短期内具有一定的刚性。可能的原因有三点。一是东北地区玉米规模经营程度较高，农户普遍需要购置大型、专用设备，再加上受种植技术、种植习惯的影响，原有的种植结构具有一定的延续性。二是玉米在东北地区适应性强、机械化程度高，最主要的是相对于大豆和稻谷种植更加省时、省力，可以有效解决农村剩余劳动力不足的问题和满足农户季节性打工的需要。即使玉米种植比较效益有所降低，部分农户仍倾向于继续种植玉米。三是东北地区农户普遍有主要出于自己食用的目的饲养少量牛、羊、猪等牲畜的习惯，而且多年来小农户习惯将玉米作为主要原料自配饲料，这部分农户玉米自用比例较高，玉米种植决策受市场等因素影响较小。

为研究替代作物比较效益对玉米播种面积的影响，表 6 - 12 中回归 2 和回归 3 分别引入滞后一期玉米和大豆出售价格比和滞后一期玉米和稻谷出售价格比。估计结果显示，滞后一期玉米和大豆出售价格比、滞后一期玉米和稻谷出售价格比对当期玉米播种面积都具有显著的正向影响，模型分别表现出 1% 、10% 水平上的统计显著性。这表明，玉米和大豆预期出售价格比、玉米和稻谷预期出售价格比是影响东北地区农户当期玉米种植决策的重要因素。以黑龙江省为例，2008～2015 年，玉米和大豆出售价格比由 0.31 上升到 0.51，玉米和稻谷出售价格比保持在 0.7 左右的高水平，玉米播种面积则由 384.94 万公顷增加到 736.12 万公顷；2016～2020 年，

---

① 东北三省平均价格。

玉米和大豆出售价格比由 0.51 波动下降到 0.46，玉米和稻谷出售价格比由 0.63 波动下降到 0.61，玉米播种面积则由 652.84 万公顷减少到 548.1 万公顷。

为研究取消玉米临时收储政策对玉米播种面积的影响，表 6－12 中回归 4 引入取消玉米临时收储政策虚拟变量。估计结果显示，取消玉米临时收储政策对玉米播种面积具有显著的负向影响，模型表现出 1% 水平上的统计显著性。这表明，取消玉米临时收储政策后玉米价格市场化，最初的几年玉米市场价格必然下跌，面对玉米种植收入的减少，特别是玉米非优势产区的农户收入减少较多，且在适当减少非优势产区玉米播种面积的政策引导下[1]，理性的农户选择减少玉米播种面积。2016 年、2017 年，辽宁省、吉林省、黑龙江省三省玉米播种面积都连续减少，2017 年较 2015 年降幅分别为 7.9%、2.1%、20.4%。2018 年、2019 年随着玉米市场价格的上涨，虽然各省份的玉米播种面积均有不同程度的增加，但东北地区玉米播种面积总体仍未超过 2015 年水平。

6.3 结论与讨论

基于 Nerlove 模型对东北地区玉米供给反应进行实证研究，得出的主要结论如下。

第一，玉米的长短期价格供给弹性都为正，短期缺乏价格供给弹性，长期富有弹性。这是由于，从长期来看农户的种植习惯、种植技术和投入成本等约束条件都可以调整，如果玉米价格在未来一段时间内继续呈现上涨趋势，东北地区农户受价格信号的影响最终选择扩大玉米播种面积的潜力较大。

第二，滞后一期玉米播种面积对当期玉米播种面积具有显著的正向影

---

① 粮改饲试点政策、耕地轮作休耕制度试点政策等。

响。主要原因有：一是受种植技术、种植习惯、投入成本的影响，原有的种植结构具有一定的延续性；二是种植玉米相对于大豆和稻谷种植更加省时、省力，可以有效解决农村剩余劳动力不足的问题和满足农户季节性打工的需要；三是小农户普遍有将玉米作为主要原料自配饲料的习惯，这部分农户玉米自用比例较高。

第三，滞后一期玉米和大豆出售价格比、滞后一期玉米和稻谷出售价格比对当期玉米播种面积都具有显著的正向影响。这表明，东北地区玉米、稻谷、大豆互为主要替代性作物，玉米与大豆、稻谷的比较效益是影响东北地区农户玉米种植决策的重要因素，价格机制在调节不同粮食作物的生产分配中发挥关键作用。

第四，取消玉米临时收储政策对玉米播种面积具有显著的负向影响。在政策取消的最初几年，各省玉米播种面积普遍减少，但是随着玉米市场价格逐步上涨，玉米市场化定价的政策导向逐渐清晰、成型，玉米生产面临的市场环境转变，取消玉米临时收储政策对玉米播种面积的负向影响有所减弱。

研究结论给我们四点启示。

第一，东北地区玉米播种面积短期内具有一定的刚性，仅通过市场价格变化在短期内对玉米的供给能力进行较快调整的空间有限。价格政策与非价格政策不能互相替代。要实现政策目标，还需要在价格变化的基础上，利用好一些配套支持政策引导农户及时调整种植决策。面对外部冲击，玉米非优势产区的农户调整种植决策的意愿较高而调整种植结构的能力往往却较差，更需要相关配套支持政策引导，配套支持政策应重点是针对玉米非优势产区。长期来看，东北地区玉米播种面积对价格变化敏感，优质优价机制的逐步建立促进玉米种植向优势主产区集中。

第二，玉米市场化改革背景下，市场价格变化对玉米供给的影响逐渐起主导作用。要在保证粮食产量的前提下加快建立优质优价机制，例如通过搭建信息平台、质量分级、标志制度以及认证等方式，完善农产品价格形成机制，引导农户种植适应市场需求的玉米品种，从而增加种粮收入。

根据市场需求积极调整种植行为，种植鲜食玉米、青贮玉米、专用玉米等都有较大市场需求空间的玉米细分品种。

第三，东北地区粮食作物高度集中在玉米、稻谷、大豆三种粮食作物，农业生产条件又决定了三种粮食作物互为主要替代作物。因此，制定农业政策特别是粮食政策时要综合考虑三种粮食作物的联动效应，制定一种粮食作物相关政策或者调整一种粮食作物播种面积时，可以同时围绕主要替代粮食作物出台相应衔接政策，既保障了农业政策的主要目标更好实现，又能避免解决了一个粮食品种的问题另一个粮食品种又出现了问题的情况出现。目前，东北地区玉米、大豆价格完全市场化，而稻谷仍然执行最低收购价政策。虽然从粮食安全的角度来看，有利于保障稻谷总产量，减少稻谷产量受市场价格波动的风险，但在理论上存在稻谷播种面积扩大导致供给过剩的风险。

第四，玉米作为重要的能量饲料，长期看需求呈增加趋势。东北地区是维护国家粮食安全"压舱石"，要落实"藏粮于地、藏粮于技"战略，通过加大"两区"政策支持，将土地、资金、设备等生产要素向优势产区集中，提升玉米优势产区产能。

6.4 本章小结

本章利用 2008 ~ 2020 年辽宁省、吉林省、黑龙江省三省省级面板数据，基于 Nerlove 模型对玉米供给反应进行实证研究。

第一，东北地区粮食生产有向玉米、大豆、稻谷集中的趋势，作物多样性在降低。2000 ~ 2010 年，三种粮食作物播种面积合计占粮食作物总播种面积的比重平均为 87.8%，2011 ~ 2015 年，这一比重上升至 95%，2016 ~ 2020 年，进一步上升至 96.1%。近十年，辽宁省、吉林省、黑龙江省玉米、大豆、稻谷供给结构的变化明显，是东北地区粮食供给中结构变化的分析重点。因此，东北地区粮食供给结构的重点就是分析玉米、大豆、稻谷的供给变化。

第二，2016～2020年，吉林省、黑龙江省玉米亩均净利润由负转正，主要原因是平均出售价格上涨；吉林省、黑龙江省大豆亩均亏损都高于2014年、2015年的平均水平，主要原因是平均出售价格处于低位，亩均总成本上升；辽宁省、吉林省、黑龙江省粳稻亩均净利润都低于2014年、2015年的平均水平，主要原因是平均出售价格下跌，亩均总成本上升。

第三，东北三省中只有黑龙江省全省统一玉米生产者补贴标准，其他两个省以县（市、区）为单位制定。以黑龙江省为例，在2016～2020年，加生产者补贴后玉米亩均净利润由负转正。2017～2018年和2020年，加生产者补贴后大豆亩均净利润由负转为正。2019年，加生产者补贴后大豆亩均净利润基本持平。2018～2020年，加生产者补贴后粳稻地下水灌溉亩均净利润波动较大，地表水灌溉亩均净利润总体下降。

第四，基于Nerlove模型的供给反应模型得出以下主要结论：一是玉米的短期价格供给弹性0.079，缺乏弹性。长期价格供给弹性2.194，富有弹性。这说明，东北地区农户扩大玉米播种面积的潜力较大。二是滞后一期玉米播种面积对当期玉米播种面积具有显著的正向影响，模型均表现出1%水平上的统计显著性。说明，受种植技术、种植习惯、投入成本的影响，原有的种植结构具有一定的延续性。三是模型结果显示，滞后一期的玉米和大豆的出售价格比、滞后一期的玉米和稻谷的出售价格比对本期玉米的播种面积都具有显著的正向影响，分别表现出1%、10%水平上的显著性。这说明，东北地区玉米、大豆、稻谷互为主要替代性作物，三种粮食作物的比较效益是影响东北地区农户种植决策的重要因素。四是玉米临储政策的取消对其播种面积具有显著的负向影响，表现出1%水平上的显著性。在临储政策取消的前几年，东北地区玉米播种面积普遍减少，但是随着市场价格的上涨，政策取消对播种面积的负向影响有所减弱。

研究结论启示我们：一是要在价格市场化的基础上，充分利用好相关配套支持政策引导农户根据市场需求尽快调整种植决策；二是要在保证粮食产量的前提下加快建立优质优价机制；三是要制定农业政策特别是粮食政策时要综合考虑三种粮食作物的联动效应；四是要落实"藏粮于地、藏粮于技"战略，提升玉米优势产区产能。

第7章

东北地区农户种植决策目标
调整实证研究

实践中农户基于多目标进行种植决策，基于决策者的多目标建立的效用模型比基于单一的利润最大化目标建立的效用模型能更加准确地预测生产者行为（Rehman and Romero，1993）。一般认为，农户在种植决策过程中除了考虑利润最大化目标外，还会考虑规避风险、减少劳动力投入等目标，并且由于经济发展、政策变化等因素，各目标的权重随时间有所变化（Huylenbroeck et al.，2001）。由于目标之间关系的复杂性，目标权重的估计是一个难点，确定权重的方法按照计算程序大致分为主观赋权法、客观赋权法、主客观综合集成赋权法三类，其中，客观赋权法不依赖人的主观判断，结果具有较多的数学理论依据，在实践中应用较广（孟雪、李宾，2013）。

不同类型农户种植决策目标调整方向和速度是不同的。农户是部分参与市场的经济单位，其种植行为并不完全符合"经济人"的行为逻辑，而是取决于农户的类型，制定农业政策时正确认识目标农户类型的多样性特征有利于缩小政策偏差、提高政策实施效率（钟真、孔祥智，2013）。小农户长期存在是我国的基本国情，但是由于信息不对称或者受信息辨别能力限制而导致的信息不充分，小农户市场化程度较低，其决策过程存在明显的"羊群效应"（张雪、周密，2019）。相对于小农户，规模经营农户对市场信息把握的敏感度、接受科技创新和推广的能力更强，能够根据市场变化及时调整种植行为，对小农户具有鲜明的示范功能（王莉等，2019）。玉米收储制度改革以来，规避风险逐渐超过利润最大化成为规模经营农户在种植决策中优先考虑的目标（阮荣平等，2020）。

综上所述，多目标效用模型能更加准确地预测农户行为，不同类型农户种植决策目标调整方向和速度是不同的，正确认识农户类型有利于提高政策实施效率，玉米收储制度改革以来农户在决策过程中更加重视规避风险目标。然而，多目标效用模型的应用需要至少两期的农户面板调查数据，由于数据收集得不易，相关研究并不多。本章利用吉林省四期的农户面板调查数据，构建农户多目标种植决策模型研究不同类型农户种植决策目标的调整趋势及差异，并剖析背后的主要原因。

7.1 数据来源、模型构建与目标权重确定

7.1.1 数据来源

数据来源于中国农业科学院农业经济与发展研究所建立的中国农村微观经济数据库中吉林省2014年、2016年、2018年、2020年四期的农户面板调查数据，涉及敦化市、东丰县、通榆县的9个乡镇27个行政村。敦化市、东丰县、通榆县都是全国产粮大县，2020年粮食播种面积分别占农作物总播种面积的96.6%、98%、93.2%，其中，玉米、稻谷和大豆三种粮食作物播种面积合计分别占敦化市、东丰县、通榆县农作物总播种面积的95.8%、96.9%、52.1%①。

根据吉林省第三次全国农业普查数据，一年一熟制地区露地种植农作

---

① 通榆县其他粮食作物主要是杂粮杂豆，品种多，单个品种种植面积并不大。

物的土地达到 100 亩及以上的农户为种植业规模经营户。但是调研了解，样本农户所在的 27 个行政村人均耕地面积不到 8 亩，当地一般将家庭实际经营的耕地面积在 70 亩、80 亩及以上的农户称为种植业规模经营户。

综上所述，只考虑玉米、稻谷和大豆 3 种粮食作物，将家庭经营主业为种植业，2014 年、2016 年、2018 年、2020 年四年每年至少种植 3 种粮食作物中的一种并且实际种植规模达到 70 亩及以上的农户定义为规模经营农户，其余为小农户。经过筛选，一共获得 1863 个小农户有效样本、179 个规模经营农户有效样本（见表 7－1）。从农户数量看，小农户数量有所减少、规模经营农户数量有所增加，但是总体变化不大。从平均种植规模看，小农户平均种植规模基本稳定，主要原因是小农户较少流转耕地，2014 年、2016 年、2018 年、2020 年有耕地流转行为的小农户占比分别为 18.8%、15%、10.1%、12%；规模经营农户平均种植规模则呈明显的增加趋势，由 2014 年的 112.3 亩增加至 2020 年的 189 亩。

表 7－1　　2014 年、2016 年、2018 年、2020 年农户数量和平均种植规模

农户类型	2014 年		2016 年		2018 年		2020 年	
	数量（个）	种植规模（亩）	数量（个）	种植规模（亩）	数量（个）	种植规模（亩）	数量（个）	种植规模（亩）
小农户	480	25.3	455	25.9	477	22.9	451	24.2
规模经营农户	38	112.3	44	119.6	52	136	44	189

资料来源：中国农村微观经济数据库。

7.1.2　模型构建

选取利润最大化、风险最小化、家庭劳动力投入最小化 3 个目标，在假定效用函数满足可加性的条件下，农户生产的多目标效用函数就可表达为：

$$U = w_1 f_1(\cdot) - w_2 f_2(\cdot) - w_3 f_3(\cdot) \tag{7.1}$$

其中，$f_1(\cdot)$、$f_2(\cdot)$、$f_3(\cdot)$ 分别为利润、风险、家庭劳动力投入目标

函数；w_1、w_2、w_3 分别为各目标的权重，并满足 $\sum_{k=1}^{3} w_k = 1$ 的条件。

首先，利润目标。利润定义为农户农产品销售收入减去生产成本（不包括农户自有耕地），表达式为：

$$f_1 = \sum_j a_i \left(p_i y_i - \sum_j p_{i,j} x_{i,j} - r_i \right) \tag{7.2}$$

其中，p_i、y_i 分别为农户出售农作物 i 的市场价格和农作物 i 的亩均产量；p_{ij}、x_{ij} 分别为农户农作物 i 的第 j 种投入品的购买价格和亩均投入量；r_i 为农户对农作物 i 的每亩固定投入；a_i 为农户农作物 i 的种植面积。

其次，风险目标。风险定义为农户农业生产中来源于生产和市场两个方面的不确定性，表达式为：

$$f_2 = \sum_i \sum_{i'} z_{ii'} a_i a_{i'} \tag{7.3}$$

其中，$z_{ii'}$ 为农作物 i 的利润的协方差矩阵 z 中对角线元素。

最后，家庭劳动力投入目标。家庭劳动力投入定义为农户户主及家庭成员从事农业生产的劳动力投入，表达式为：

$$f_3 = \sum_i a_i (l_i - h_i) \tag{7.4}$$

其中，l_i、h_i 分别为农户种植农作物 i 的亩均劳动力总投入和雇工投入。

考虑到以上各目标函数量纲不一致，需要先去除量纲再进行加权；农户在生产过程中可能受到各种限制，如土地面积、灌溉用水量、劳动力、资金投入等，这里仅考虑土地一种限制；农户希望最大化利润、同时最小化风险和家庭劳动力投入。综上所述，农户多目标种植决策模型函数表达为：

$$\max \left[w_1 \frac{\sum_i a_i (p_i y_i - \sum_j p_{i,j} x_{i,j} - r_i)}{f_1^{obs}(\cdot)} - w_2 \frac{\sum_i \sum_{i'} z_{ii'} a_i a_{i'}}{f_2^{obs}(\cdot)} - w_3 \frac{\sum_i a_i (l_i - h_i)}{f_3^{obs}(\cdot)} \right]$$

$$\text{s. t. } \sum a_i \leq T \tag{7.5}$$

其中，$f_1^{obs}(\cdot)$、$f_2^{obs}(\cdot)$、$f_3^{obs}(\cdot)$ 分别为利用农户实际数据计算得出的利

润、风险、家庭劳动力投入目标观测值；T 为农户最大可耕种面积。

7.1.3　目标权重确定

拟采用主成分分析法确定各目标权重。基于文献梳理和调研了解，吉林省农户在种植决策过程中除了考虑利润、风险、家庭劳动力投入目标外，可能还会考虑耕地质量和种植技术这两个因素，耕地质量选取 5 亩以上地块数占比和水田、水浇地合计占比两个指标，种植技术选取户主受教育年限和户主年龄两个指标。主成分分析法确定各目标权重的基本思路如下：第一，将原始数据标准化，消除量纲的影响；第二，主成分个数选择原则是特征根＞1，且累计方差贡献率≥85%；第三，主成分的方差贡献率为权重，对该权重在各主成分线性组合中系数加权平均的归一化后的数值为本项目的各目标权重。

7.2　模型数据与结果整理分析

利用农户多目标种植决策模型估计小农户和规模经营农户的各目标权重，需要的数据包括：玉米、稻谷、大豆种植结构，玉米、稻谷、大豆的投入产出情况，玉米、稻谷、大豆雇工情况，玉米、稻谷、大豆每亩净利润，耕地质量和种植技术衡量指标的具体数值。其中，玉米、稻谷、大豆每亩净利润来自《全国农产品成本收益资料汇编》，其余数据均来自中国农业科学院农业经济与发展研究所建立的中国农村微观经济数据库。

7.2.1　模型数据整理与分析

1. 玉米、稻谷、大豆种植结构

吉林省玉米、稻谷、大豆种植模式均为一年一熟制，不存在间作套种情况。从种植面积看，规模经营农户户均种植面积由 2014 年的 91.62 亩增加至 2020 年的 154.21 亩，增加了 62.59 亩；小农户户均种植面积略有减少，由 20.65 亩减少至 19.77 亩，总体变化不大。从种植结构看，比较明显的变化是 2018 年规模经营农户和小农户稻谷、大豆的种植面积占比显著提高，玉米种植面积占比显著下降（见表 7 - 2）。主要原因可能是农户对种植玉米的预期比较效益降低。① 2016 年、2017 年，农户玉米稻谷平均出售价格比分别为 0.42、0.53，显著低于 2014 年、2015 年的 0.72、0.66；玉米大豆平均出售价格比分别为 0.36、0.45，也显著低于 2014 年、2015 年的 0.52、0.5。2018 年、2019 年，农户玉米稻谷平均出售价格比分别上升至 0.55、0.63，玉米大豆平均出售价格比分别上升至 0.48、0.5，这可能是导致 2020 年规模经营农户和小农户玉米的种植面积占比有所提高的主要因素。

表 7 - 2　　　　2014 年、2016 年、2018 年、2020 年玉米、稻谷、

大豆户均种植面积和结构

农户类型	粮食作物	面积（亩）				结构（%）			
		2014 年	2016 年	2018 年	2020 年	2014 年	2016 年	2018 年	2020 年
小农户	玉米	16.69	17.26	13.65	15.73	76.30	77.43	66.87	75.57
	稻谷	0.84	0.88	1.20	0.89	5.48	5.28	7.66	5.48
	大豆	3.12	3.01	3.80	3.15	18.22	17.29	25.47	18.95
	合计	20.65	21.15	18.64	19.77	100.00	100.00	100.00	100.00
规模经营农户	玉米	69.91	75.52	74.19	116.52	80.81	81.63	73.22	79.57
	稻谷	5.01	5.15	8.52	8.46	4.08	4.16	6.42	4.48
	大豆	16.70	16.87	28.26	29.23	15.11	14.21	20.36	15.95
	合计	91.62	97.54	110.97	154.21	100.00	100.00	100.00	100.00

资料来源：中国农村微观经济数据库。

2. 玉米、稻谷、大豆投入产出情况

吉林省农户玉米、稻谷、大豆生产投入包括资金投入和劳动力投入，其中，资金投入包括种子、化肥、农药、排灌、机械、土地租赁费用等。

---

① 上年实际的比较效益是当年预期的比较效益。

从资金投入看，2014 年、2016 年、2018 年、2020 年，规模经营农户三种粮食作物亩均资金投入均高于小农户，主要原因是规模经营农户普遍存在的土地租赁费用超过了由于相对科学种田而节约的物质与服务费用[①]。从劳动力投入看，随着机械化程度的提高和社会化服务的发展，规模经营农户和小农户三种粮食作物亩均劳动力投入总体在减少，但是规模经营农户三种粮食作物亩均劳动力投入均低于小农户，主要原因是规模经营农户机械化程度较高和小农户劳动力机会成本较低。从产出看，比较明显的变化是与 2016 年对比，2020 年规模经营农户和小农户玉米、大豆亩均净利润都大幅增加，玉米、大豆亩均产量和投入变化并不大，主要原因归结为玉米、大豆平均出售价格上涨较多（见表 7 - 3）。2020 年，农户玉米、大豆平均出售价格分别为 1.1 元、2.49 元，较 2016 年分别上涨了 100%、56.6%。

表 7 - 3　　　　2014 年、2016 年、2018 年、2020 年农户玉米、
稻谷、大豆投入产出

农户类型	粮食作物	投入								产出			
		资金（元/亩）				劳动力（工/亩）				净利润（元/亩）			
		2014 年	2016 年	2018 年	2020 年	2014 年	2016 年	2018 年	2020 年	2014 年	2016 年	2018 年	2020 年
小农户	玉米	384.34	397.80	386.32	403.04	7.45	6.63	5.62	6.18	357.14	- 30.28	104.54	535.44
	稻谷	510.38	500.54	523.89	519.33	8.62	8.02	7.19	7.25	631.02	733.36	624.83	596.30
	大豆	263.48	222.83	232.35	232.33	5.25	5.18	4.92	4.24	124.30	28.40	- 16.01	221.12
规模经营农户	玉米	435.43	443.48	430.95	452.60	5.45	4.73	3.90	4.38	306.05	- 75.96	59.91	485.88
	稻谷	561.12	569.57	586.39	581.32	6.82	6.20	5.39	5.45	580.28	664.33	562.33	534.31
	大豆	310.34	271.28	279.55	264.31	3.50	3.38	3.11	2.54	119.44	- 20.05	- 63.21	189.16

资料来源：中国农村微观经济数据库。

3. 玉米、稻谷、大豆雇工情况

吉林省规模经营农户耕地面积较大，农忙时普遍存在雇工情况，小农户劳动力投入主要依靠家庭成员。因此，规模经营农户三种粮食作物雇工数量都明显多于小农户。规模经营农户和小农户都是种植稻谷雇工最多，

---

① 种子、化肥、农药、排灌、机械费用等。

大豆雇工最少（见表7-4）。

表7-4 　　2014 年、2016 年、2018 年、2020 年农户玉米、稻谷、
大豆平均雇工人数 　　单位：人

农户类型	粮食作物	2014 年	2016 年	2018 年	2020 年
小农户	玉米	0.35	0.15	0.07	0.11
	稻谷	0.40	0.55	0.36	0.46
	大豆	0.04	0.03	0.03	0.02
规模经营农户	玉米	1.65	0.85	0.67	0.81
	稻谷	1.40	1.65	1.46	1.36
	大豆	0.64	0.63	0.41	0.73

资料来源：中国农村微观经济数据库。

4. 玉米、稻谷、大豆每亩净利润

为了获得玉米、稻谷、大豆的利润的协方差矩阵 z 对角线元素，从
《全国农产品成本收益资料汇编》中获得了吉林省 2014～2020 年玉米、稻
谷、大豆每亩净利润情况（见表7-5）。

表7-5 　　2014～2020 年吉林省玉米、稻谷、大豆亩均净利润 　　单位：元/亩

粮食作物	2014 年	2015 年	2016 年	2017 年	2018 年	2019 年	2020 年
玉米	-23.29	-181.99	-398.22	-29.99	-221.91	-127.36	179.03
稻谷	199.68	191.35	289.79	145.40	193.74	28.21	160.73
大豆	-122.63	-216.06	-243.19	-214.41	-294.91	-202.00	-68.72

资料来源：《全国农产品成本收益资料汇编》（2015～2021 年）。

5. 耕地质量和种植技术

从耕地质量来看，2014 年、2016 年、2018 年、2020 年，小农户 5 亩
以上地块数在总地块中的占比都显著低于规模经营农户。除 2020 年外，小
农户水田、水浇地合计在总耕地中的占比均显著低于规模经营农户，主要
原因是 2020 年敦化市、东丰县、通榆县都遭遇大旱，水田普遍干涸，绝大
部分规模经营农户由于灌溉成本过高而放弃给水浇地浇水。总体来看，规

模经营农户耕地质量虽然整体好于小农户，但是5亩以上地块数在总地块中的占比不到45%，水田、水浇地合计在总耕地中的占比也不到25%。从种植技术来看，规模经营农户户主受教育年限普遍多于小农户，并且户主年龄普遍小于小农户（见表7-6）。进一步分析发现，规模经营农户户主中60岁及以上占比不到3%，小农户户主中则接近40%。总体来看，规模经营农户户主更易于接受新思想、采用新技术。

表7-6 农户耕地质量和种植技术

农户类型	指标		2014年	2016年	2018年	2020年
小农户	耕地质量	5亩以上地块数占比（%）	24.12	20.61	15.06	17.47
		水田、水浇地合计占比（%）	11.98	10.19	9.96	4.91
	种植技术	户主受教育年限（年）	7	7	7	7
		户主年龄（年）	50	52	54	56
规模经营农户	耕地质量	5亩以上地块数占比（%）	40.50	41.06	38.48	32.60
		水田、水浇地合计占比（%）	18.83	20.14	23.89	4.26
	种植技术	户主受教育年限（年）	8	8	9	8
		户主年龄（年）	46	48	45	49

资料来源：中国农村微观经济数据库。

7.2.2 模型结果整理与分析

在运行模型之前，首先计算利润、风险、劳动力、耕地质量（5亩以上地块数占比和水田、水浇地合计占比）、种植技术（户主受教育年限和户主年龄）这7个指标的相关系数矩阵。结果发现，相关系数绝对值75%以上大于0.3，表明各指标存在较强的线性关系，适合做主成分分析。

根据Stata 12统计分析软件运行结果，按照主成分个数选择原则，吉林省2014年、2016年、2018年、2020年小农户和规模经营农户都提取前2个主成分。从提取的主成分累计方差贡献率来看，最低的也达到86.8%，大部分都在90%以上，说明提取的主成分具有较强的解释力（见表7-7）。

表 7 - 7　　　　　　　　　　　　　主成分提取结果

农户类型	主成分	2014 年			2016 年			2018 年			2020 年		
		特征值	方差贡献率（%）	累积方差贡献率（%）	特征值	方差贡献率（%）	累积方差贡献率（%）	特征值	方差贡献率（%）	累积方差贡献率（%）	特征值	方差贡献率（%）	累积方差贡献率（%）
小农户	F1	5.752	81.3	81.3	4.233	67.5	67.5	4.862	65.4	65.4	4.561	81.3	81.3
	F2	0.144	10.1	91.4	1.023	25.3	92.8	1.131	21.4	86.8	1.003	17.2	98.5
规模经营农户	F1	4.331	65.1	65.1	4.117	55.9	55.9	4.698	57.8	57.8	4.998	76.8	76.8
	F2	1.278	24.2	89.3	1.134	33.2	89.1	1.245	35.4	93.2	1.115	21.7	99.5

　　为了更加精确地识别主要影响指标，用 Stata 12 统计分析软件对载荷矩阵进行旋转，旋转后每一个载荷量表示对应指标对主成分的影响程度，绝对值越大，影响程度越高。需要说明的是，研究目的是主要考虑利润、风险、家庭劳动力投入 3 个目标来分析不同类型农户种植决策目标的调整趋势，因此在每个主成分中只选择载荷量最大的 1 个指标，虽然这样做可能遗漏部分相对重要的指标，但是却可以清楚地观察到不同类型农户利润、风险、家庭劳动力投入 3 个目标的权重及调整趋势。以提取的主成分的方差贡献率为权重，对该权重在各主成分线性组合中系数加权平均的归一化后的数值为各目标权重。从考虑目标来看，小农户除了考虑利润、风险、家庭劳动力目标外，还考虑耕地质量（水田、水浇地合计占比），规模经营农户主要考虑利润、风险目标；从目标权重来看，比较明显的变化是与 2014 年对比，2016 年、2018 年小农户、规模经营农户风险目标权重均显著上升（见表 7 - 8）。总体来看，利润一直是小农户种植决策时考虑的最主要目标，规模经营农户种植决策时主要考虑的目标由利润调整为利润和风险并重。

表 7 - 8　　　　　　　　　　　　　权重估计值

农户类型	主成分	2014 年			2016 年			2018 年			2020 年		
		主要影响指标	载荷量	权重	主要影响指标	载荷量	权重	主要影响指标	载荷量	权重	主要影响指标	载荷量	权重
小农户	F1	利润	0.798	0.824	利润	0.518	0.628	利润	0.691	0.563	利润	0.883	0.751
	F2	劳动力	0.872	0.176	风险	0.779	0.337	风险	0.752	0.417	水田、水浇地合计占比	0.619	0.231
规模经营农户	F1	利润	0.741	0.790	风险	0.707	0.681	风险	0.717	0.694	利润	0.787	0.519
	F2	风险	0.734	0.160	利润	0.914	0.207	利润	0.833	0.303	风险	0.889	0.474

7.3　结论与讨论

构建农户多目标种植决策模型对不同类型农户种植决策目标的调整趋势及差异进行实证研究，得出的主要结论如下。

第一，农户的种植决策是基于多目标的。小农户除了考虑利润、风险、家庭劳动力目标外，还考虑耕地质量（水田、水浇地合计占比），主要原因是 2020 年敦化市、东丰县、通榆县遭遇大旱，小农户灌溉条件差、灌溉成本大幅增加，绝大部分小农户放弃灌溉，导致粮食大幅减产，部分小农户几乎绝收；规模经营农户主要考虑利润、风险目标，但是利润目标的权重在显著降低，主要原因是粮食收储制度改革后，国家取消了托底收购政策，粮食市场价格波动加大，农户预期不确定性增加。规模经营农户耕地面积大、投入成本高，面临更高的市场风险。

第二，农户的各目标权重会随时间有所调整。小农户和规模经营农户的共同特点是 2016 年、2018 年对风险目标重视程度都增加，特别是规模经营农户风险目标权重超过利润目标权重。主要原因是 2016 ~ 2018 年粮食市场价格下跌，规模经营农户普遍亏损，小农户种粮收入也大幅减少，粮食作物的比较效益有所降低，农户收益的不确定性有所增加，农户由过去只关心产量转为产量、质量并重，风险意识逐步增加，较多地关注市场需求的变化。但是随着 2019 年、2020 年粮食市场价格上涨，小农户和规模经营农户利润目标权重又都有所提高。

第三，小农户和规模经营农户的目标权重有所差异。在粮食托市收购期间，规模经营农户对于风险目标权重的重视程度明显大于小农户。一方面是因为规模经营农户主要通过流转耕地扩大粮食种植面积，而吉林省耕地租赁费用在总成本中所占份额较大（2014 年平均约占 40%）。另一方面是因为规模经营农户前期普遍购买了大型专用机械设备，资金投入较高；小农户耕地面积少，家庭经营为主，大多有兼业行为，较多考虑家庭劳动力投入目标。然而近年来，随着机械化程度的提高，2020 年吉林省主要农作物耕种收综合机械化水平达到 89.2%，高于全国平均水平近 20 个百分点，较 2014 年的 73.6% 提高了 15.6 个百分点，具体到玉米、大豆、稻谷，耕种收综合机械化水平更高，机械对劳动力的替代作用明显，小农户对家庭劳动力投入目标重视程度显著降低。

根据以上研究结论，提出以下两点建议。

第一，粮食收储制度改革以来，农户更加重视风险目标，政府的支持政策应更多地关注于防范风险。

对于生产环节的风险，一是聚焦关键薄弱环节和小农户，加快发展农业社会化服务，支持农业服务公司、农民合作社、农村集体经济组织、基层供销合作社等各类主体大力发展单环节、多环节、全程生产托管服务，开展订单农业、加工物流、产品营销等，提高种粮综合效益。二是农业保险产品多项政策需有效衔接。2022 年实现三大粮食作物完全成本保险①和种植收入保险②主产省产粮大县全覆盖，同时取消农业大灾保险。应该做好这几项保险产品政策的衔接，让农户做好投保选择，最大限度地发挥农

---

① 完全成本保险是一类覆盖农业生产总成本的农业保险，包括直接物化成本、土地成本和人工成本等。
② 收入保险即保险金额体现农产品价格和产量，覆盖农业生产产值的农业保险。

业保险的风险保障作用。

对于销售环节的风险，一是要优化完善"保险＋期货"模式。自 2015 年推出试点以来，"保险＋期货"① 模式加速推进，经过连续 7 年的运行，保险公司、期货公司和农业主体已经形成了紧密的合作关系，但是仍面临诸多挑战。建议将"保险＋期货"定位为国家粮食价格风险管理市场化手段的重要工具，并逐步纳入政策性保险体系。同时建立政府与保险、期货市场的风险共担体系，并发展农产品期货和场内期权，实现从纯粹的价格保险到收入保险的超越。

第二，粮食收储制度改革对规模经营农户收入的冲击大于小农户，规模经营农户资金约束增加，政府的支持政策应适当向其倾斜，提高新型农业经营主体的保障水平。一是健全全国农业信贷担保体系，推进省级信贷担保机构向市县延伸，重点服务种养大户、家庭农场、农民合作社等；二是保费补贴要适时向规模化经营的新型农村经营主体倾斜，将补贴比例与投保人的种植规模与保险产品的保障水平结合起来，重点补贴农业规模化生产的新型农村经营主体，重点补贴保障水平高的保险产品，以加快构建新型农业经营体系。

7.4 本章小结

农户在实践中的种植决策是基于多目标的，多目标效用模型能更加准确地预测农户行为。不同类型农户种植决策目标调整方向和速度是不同的，制定农业政策时正确认识目标农户类型的多样性特征有利于缩小政策偏差、提高政策实施效率。本章运用农户多目标种植决策模型研究不同类型农户种植决策目标的变化，并探究主要原因。

---

① "保险＋期货"具体是指农业经营者或企业向保险公司购买价格保险产品，保险公司向期货经营机构购买期权转移风险，期货经营机构在期货市场上进行风险对冲操作，将风险转移至期货投机者。

第一，农户的种植决策是基于多目标的。小农户除了考虑利润、风险、劳动力目标外，还考虑耕地质量。规模经营农户主要考虑利润、风险目标，但是利润目标的权重在显著降低。

第二，农户的各目标权重会随时间有所调整。与 2014 年对比，2016 年、2018 年，小农户和规模经营农户的共同特点是对风险目标重视程度都增加，特别是规模经营农户风险目标权重超过利润目标权重，农户由过去只关心产量转为产量质量并重，风险意识逐步增强，较多地关注市场需求的变化。随着 2019 年、2020 年粮食市场价格的上涨，小农户和规模经营农户都更加重视利润。

第三，小农户和规模经营农户的目标权重有所差异。托市收购时期，规模经营农户比小农户更加重视风险目标；小农户耕地面积少且主要家庭成员大多有兼业行为，对家庭劳动力投入目标的考虑较多。然而近年来，随着机械化程度的提高，机械对劳动力的替代作用明显，小农户对家庭劳动力投入目标重视程度显著降低。

第四，改革以来，面对价格市场化，农户更多地考虑风险目标，如何降低风险是政府相关支持政策完善的方向。作为世贸组织允许各国支持农业的一项"绿箱"政策，农业保险日益受到各国政府的重视，政策性农业保险可以代替直接补贴对我国农业实施合理有效的保护。此外，对于小农户，提高农风险保障水平的重点还包括发展农业社会化服务；改革对规模经营农户收入的冲击更大，相关支持政策应适当向其倾斜，提高其保障水平，更好带动小农户。

第8章

东北地区家庭农场经营行为
变化典型案例调查*

　　玉米收储制度改革初期，在我国玉米阶段性供大于求的形势下，玉米价格市场化对农户的收入冲击最大，其经营行为如何变化就备受关注。然而，伴随着国内玉米产量下降的是玉米深加工需求等市场需求仍有较大增长空间，玉米供给格局从严重过剩转变为趋于紧张。《农业农村部关于落实好党中央、国务院 2021 年农业农村重点工作部署的实施意见》提出，东北和黄淮海等地区增加玉米面积 1000 万亩以上。小农户是我国农业生产的主体，新型农业经营主体和服务主体是带动小农户的主体力量。新型农业经营主体中对家庭农场经营行为的研究最多，在玉米供需格局转变的背景下，研究玉米收储制度改革以来东北地区家庭农场经营行为的变化及其影响因素，对于把握玉米生产情况具有重要的现实意义。基于此，本章利用 2016～2020 年辽宁省朝阳市 H 县 22 家省级示范家庭农场的面板调查数据，分析其经营行为的变化及影响因素。

---

　　* 本章原文以《玉米收储制度改革以来家庭农场经营行为的变化——基于辽宁省 H 县 22 家省级示范家庭农场的面板调查数据》为题发表于《中国农业大学学报》2022 年第 2 期，原作者为刘慧、张宁宁、钟钰、王秋霖。

8.1 研究区域玉米生产概况和家庭农场发展情况

8.1.1 研究区域玉米生产概况

朝阳市位于辽宁省西部,人均耕地 2.85 亩,不到辽宁省平均水平的 1/2。[①] 尽管东南部受海洋暖湿气影响,但由于北部蒙古高原的干燥冷空气经常侵入,形成了半干燥、半湿润、易干燥地区,年降水量 450~580 毫米。朝阳市与铁岭市、阜新市共同构成辽西北地区,辽西北地区位于我国北方农牧交错区,水资源紧缺,灾害发生频繁,其中干旱发生概率最大,是辽宁省的玉米非优势主产区,也是玉米收储制度改革初期辽宁省玉米结构调整的重点地区。

节水、耐旱、抗逆性强的杂粮杂豆是辽西北地区的传统优势作物,但是,2008 年以来,随着玉米临时收储政策的实施,杂粮杂豆播种面积严重萎缩。到 2015 年,辽西北地区玉米播种面积增加至 2290.6 万亩,占其农作物总播种面积的 65.46%,占辽宁省玉米总播种面积的 63.19%。玉米收储制度改革以来,辽西北地区和朝阳市玉米播种面积都呈先减后增的趋势。其中,2016~2017 年,朝阳市玉米播种面积和在粮食作物总播种面积中占比都在减少;2018~2020 年,朝阳市的玉米播种面积虽然都多于 2015 年,但是,玉米播种面积在粮食作物总播种面积中比重仍低于 2015 年(见表 8-1)。总体来看,2016~2020 年,朝阳市玉米播种面积反弹超过 2015 的水平,但是杂粮杂豆等其他粮食作物播种面积在粮食作物总播种面积中占比均高于 2015 年的水平,玉米与杂粮杂豆等其他粮食作物之间的结构有所改善。

---

① 《辽宁统计年鉴》(2021 年)。本章其他数据除标注外,均来自笔者实地调研。

表 8 - 1   朝阳市玉米播种面积变化情况

指标	2015 年	2016 年	2017 年	2018 年	2019 年	2020 年
播种面积（万亩）	468.75	446.7	418.8	506.55	493.95	516.9
在粮食作物总播种面积中占比（%）	82.76	78.69	73.55	80.42	77.39	78.18

资料来源：朝阳市国民经济和社会发展统计公报（2015~2020 年）。

8.1.2   H 县家庭农场发展情况

H 县家庭农场认定工作开始于 2014 年，截至 2020 年末，H 县共认定家庭农场 1025 个，家庭农场经营土地①面积占 H 县耕地总面积的 4.82%。其中，县级及以上农业农村部门评定的示范家庭农场 79 个②，省级及以上农业农村部门评定的示范家庭农场 33 个。从家庭农场行业分布情况看，畜牧业、种养结合家庭农场合计占比为 68.88%，这和 H 县位于北方农牧交错区，农户有饲养羊等牲畜的习惯，近年来政府又大力推动鸡、猪养殖的实际情况相符。从家庭农场经营收入情况看，小微型（20 万元以下）和中型（20 万~50 万元）家庭农场是主体，合计占比为 85.37%。从扶持家庭农场发展情况看，47.41% 的家庭农场都购买了玉米农业大灾保险，但是获得财政扶持资金和贷款支持的家庭农场较少，占比分别为 5.76% 和 1.07%（见表 8 - 2）。

表 8 - 2   H 县家庭农场基本情况

指标		数量（家）
分类	省级及以上农业农村部门评定的示范家庭农场	992
	其他家庭农场	33
农场行业分布情况	种植业家庭农场	318
	畜牧业家庭农场	660
	种养结合家庭农场	46
农场经营收入情况	小微型家庭农场（20 万元以下）	653
	中型家庭农场（20 万~50 万元）	222

---

① 部分土地不属于耕地，如荒山。

② 包括 33 个省级及以上农业农村部门评定的示范家庭农场。

续表

	指标	数量（家）
扶持发展情况	获得财政扶持资金的家庭农场	59
	获得贷款支持的家庭农场	11
	购买农业保险的家庭农场	486

资料来源：全国家庭农场名录系统。

玉米是 H 县第一大农作物，据 H 县农业农村部门数据，H 县 2020 年玉米播种面积占农作物总播种面积的 90% 以上，75.41% 的家庭农场种植的主要农作物是玉米。进一步了解得知，畜牧业家庭农场和种养结合家庭农场种植玉米基本全部自用，种植业家庭农场种植玉米基本全部出售；省级示范家庭农场一般是先被认定为县级和市级示范家庭农场，并且在成为家庭农场前大多是当地多年的种植大户；在所有的家庭农场中，省级示范家庭农场生产记录和财务收支记录最规范，标准化生产和经营管理水平也最高，示范引领作用最强。

基于此，本文初步确定以 H 县 33 家省级示范家庭农场[①]为研究对象。进一步，为了分析玉米收储制度改革以来家庭农场经营行为包括销售行为的变化情况，剔除 7 家种养结合家庭农场、2 家以蔬菜种植为主的种植业家庭农场、2 家没有玉米销售行为的种植业家庭农场[②]，最终本文确定以 H 县 2014~2020 年累计认定的、目前都在正常经营的 22 家以玉米为主要种植品种的省级示范家庭农场为研究对象。

8.2 数据来源与样本基本特征

8.2.1 数据构成、来源与分布

数据由 H 县 2014~2020 年累计认定的 22 家以玉米为主要种植品种的

---

① 2014~2020 年 H 县省级示范家庭农场只包括种植业和种养结合两种类型。
② 虽然认定为种植业家庭农场，实际是种养结合。

省级示范家庭农场的基本情况、玉米种植行为的变化情况、玉米销售行为的变化情况、质量和风险意识的变化情况 4 部分构成。其中，家庭农场的基本情况数据根据 H 县农业农村部门提供的 2014～2020 年家庭农场登记申请表汇总整理得出，包括家庭农场主的年龄、文化程度、是否是村干部、家庭农场的流转土地面积、玉米种植面积、是否贷款、劳动力数量、常年雇工数量 8 个指标；玉米种植行为的变化情况、玉米销售行为的变化情况、质量和风险意识的变化情况数据来自课题组 2021 年初对 22 家省级示范家庭农场的问卷调查。这 22 家省级示范家庭农场分布在 H 县 12 个乡镇 21 个行政村，2014～2020 年认定数量分别为 2 家、5 家、2 家、5 家、2 家、4 家和 2 家。

8.2.2　样本家庭农场基本特征

从农场主基本信息看，认定为省级示范家庭农场时的年龄在 41～60 岁的有 17 家，占比为 77.27%。文化程度是初中的有 16 家，占比为 72.73%。只有 2 家是村干部。这说明农场主相对较年轻，但是文化程度相对偏低。从其他基本信息看，流转土地面积在 150～300 亩的有 17 家，占比为 77.27%。玉米种植面积①在 150～300 亩的有 16 家，占比为 72.73%。这说明家庭农场流转的土地大部分用来种植玉米。22 家家庭农场都没有贷款，原因主要有两个：第一，H 县省级示范家庭农场经济基础普遍较好，都有大型农机具，种子、化肥等农资投入一般都是秋收后再付款，土地流转费用也基本是分期支付，因此不需要贷款用于家庭农场经营；第二，H 县省级示范家庭农场同样也面临缺少抵押物难以获得贷款的问题。81.82% 的家庭农场劳动力数量是 2～3 人，54.55% 的家庭农场有雇工，常年雇工人数最多 2 人。这也在一定程度上表明家庭农场经营规模较小（见表 8－3）。

---

①　认定为省级示范家庭农场当年玉米种植面积。

表8-3 样本家庭农场基本特征

指标		数量（家）
农场主年龄	40岁及以下	4
	41~60岁	17
	60岁以上	1
农场主文化程度	初中	16
	高中	4
	大专及以上	2
农场主是否是村干部	是	2
	否	19
流转土地面积	150亩及以下	1
	150~300亩	17
	300亩以上	4
玉米种植面积	150亩及以下	2
	150~300亩	16
	300亩以上	4
是否贷款	是	0
	否	22
劳动力数量	2~3人	18
	4人及以上	4
常年雇工数量	0人	10
	1~2人	12

进一步了解得知，H县人均耕地面积2.25亩，申报省级种植业示范家庭农场要求土地经营规模在150~500亩，因此，准备申报的家庭农场大部分土地都需要流转。然而，由于人均耕地面积较小，家庭农场流转土地总体规模并不大，最多流转了500亩土地。22家省级示范家庭农场都获得省里或者国家的扶持资金，最高的能拿到13万元，最低的也能拿到5万元。

8.2.3 指标选择

基于对已有研究的梳理，结合课题组实地调研了解的情况，玉米收储制度改革以来家庭农场经营行为的变化情况主要体现在玉米种植行为的变化情况、玉米销售行为的变化情况、质量和风险意识的变化情况3个方面。问卷中选取家庭农场经营状况、玉米生产者补贴是否按实际种植面积发放、种植的农作物品种是否变化、玉米种植面积变化情况4个指标来反映玉米种植行为的变化情况；选取是否优质优价、是否存在卖难问题、主要出售渠道、是否多次出售4个指标来反映玉米销售行为的变化情况；选取购买玉米种子主要考虑的因素、最想获取的信息、是否购买农业保险、是否加入合作社4个指标来反映质量和风险意识的变化情况。

8.2.4　结果与分析

H县省级示范家庭农场大部分土地都需要流转，因此，在分析家庭农场经营行为的变化之前有必要先分析其土地的流转费用和流转期限情况。表8-4显示，12家家庭农场的每年每亩土地流转费用在300~400元，略低于H县平均水平，8家低于等于300元，合计占比为90.91%。流转期限在10年以上的家庭农场占比为95.45%，最短流转期限是5年。

表8-4　　　　　　　家庭农场土地的流转费用和流转期限

指标		农场数量（家）
流转费用	300元及以下	8
	300~400元	12
	400元以上	2
流转期限	30年及以下	5
	10~30年	16
	5年以上	1

据调研了解，H县家庭农场流转的土地一般由两部分构成。一部分是村里的荒地、山地、坡地。这部分土地面积较大、土质较差、普遍缺乏灌溉条件，后期需要开垦、平整、增加灌溉设施等。流转费用远低于当地平均水平，最低仅为每年每亩100元。流转期限普遍较长，最长达50年。另

一部分是附近农户可以集中连片的承包耕地和外出打工亲戚的承包耕地①。这部分土地面积较小、土质较好、大部分具备灌溉条件。流转费用略高于当地平均水平，最高达每年每亩600元。流转期限普遍较短，最长也就10年。综上所述，H县省级示范家庭农场土地流转费用总体低于当地平均水平，流转期限较长，在分析期内其经营行为的变化受土地的流转费用和流转期限的影响较小。

1. 家庭农场玉米种植行为的变化情况

表8-5显示，2016～2018年，盈利的家庭农场数量分别为9家、10家和16家，分别占当年累计省级示范家庭农场总数的100%、71.43%和100%。2019～2020年，亏损的家庭农场数量分别为11家和11家，分别占当年累计省级示范家庭农场总数的55%和50%。2016～2020年，22家家庭农场玉米生产者补贴都没有按实际种植面积发放，都是按承包土地中玉米种植面积发放②。与申报省级示范家庭农场时登记的种植的农作物品种为玉米相比，9家发生了变化，占比为40.91%，增加的品种包括杂粮杂豆、酒高粱、葵花、果树等。与申报省级示范家庭农场时登记的玉米种植面积相比，8家减少，1家增加，合计占比为40.91%。

表8-5 家庭农场种植行为的变化情况

指标		农场数量（家）				
		2016年	2017年	2018年	2019年	2020年
经营状况	盈利	9	10	16	9	6
	持平	0	2	0	0	5
	亏损	0	2	0	11	11
玉米生产者补贴是否按实际种植面积发放	是	0	0	0	0	0
	否	9	14	16	20	22

---

① 外出打工亲戚的承包土地一般是免费耕种或象征性地给些农作物。
② 2016～2020年，H县玉米生产者补贴标准分别为每公顷2211.9元、1941元、1451.25元、1311元和1092.2元。

续表

指标		农场数量（家）				
		2016 年	2017 年	2018 年	2019 年	2020 年
种植的农作物品种是否变化	是	9				
	否	13				
玉米种植面积变化情况	减少	8				
	不变	13				
	增加	1				

据调研了解，2016～2020 年，虽然 H 县家庭农场玉米出售价格呈上涨趋势，由平均 0.8 元/斤上涨至 1.2 元/斤，除去土地流转费用和雇工费用的生产成本基本保持在每亩 400 元，但是 2019～2020 年，H 县遭遇严重干旱，没有灌溉条件的土地玉米几乎绝收，这是导致家庭农场亏损的主要原因。另外，2016～2020 年，H 县玉米生产者补贴都是按承包土地中玉米种植面积发放，而 22 家家庭农场承包土地中玉米种植面积最多也就 20 亩，仅占其申报省级示范家庭农场时登记的玉米种植面积的 10.52%，有的家庭农场是从其他乡镇迁过来的，没有承包土地，也就没有玉米生产主补贴。在这两个因素的影响下，有的家庭农场减少玉米种植面积，增加传统作物杂粮杂豆，有的家庭农场减少玉米种植面积，增加经济作物葵花等。然而，仍有 59.09% 的家庭农场种植的农作物品种和玉米种植面积都没有变化，主要原因包括：玉米出售价格呈上涨趋势，其他农产品市场价格波动大且常常面临销售困难的问题，玉米机械化程度高、省时省力等。此外，36.37% 的家庭农场虽然减少了玉米种植面积，但是至少仍占农作物种植面积的 70% 以上。

2. 家庭农场玉米销售行为的变化情况

表 8－6 显示，2016～2020 年，20 家家庭农场都没有优质优价出售玉米，即没有分等分级出售玉米，都将玉米出售给上门收购的小商贩，且都是一次性出售，这与 2016 年之前的情况一样；14 家家庭农场遇到玉米销售困难的问题，占比为 63.64%，主要集中在 2019～2020 年。

表 8 - 6   家庭农场销售行为的变化情况

指标		农场数量（家）	
		2016 年之前	2016～2020 年
是否优质优价	是	0	0
	否	22	22
是否存在卖难问题	是	0	14
	否	22	8
主要出售渠道	上门收购的小商贩	22	22
	其他	0	0
是否多次出售	是	0	0
	否	22	22

据调研了解，玉米收储制度改革后，深加工企业收购玉米时按照优质优价原则，然而深加工企业面对的是大商贩，并不直接面对家庭农场。H 县上门收购的小商贩大多是本村或者邻村的村民，为了方便、省事，又考虑到玉米数量较小等因素，家庭农场都选择一次性将玉米出售给上门收购的小商贩，小商贩根据每个家庭农场玉米的数量和质量情况给出一个收购价格，通常一个村的价格基本一样。2016～2020 年，村子里收购玉米的小商贩很多，总体上不存在玉米难卖问题。但是，2019～2020 年，受严重干旱影响，没有灌溉条件的土地种植的玉米质量明显偏低，部分家庭农场出现了难卖问题。

3. 家庭农场质量和风险意识的变化情况

表 8 - 7 显示，2016～2020 年，20 家家庭农场购买玉米种子时考虑的最主要因素仍然是产量，其次是抗病虫害，仅有 2 家同时也考虑了市场需求因素。21 家家庭农场最想获取的信息是玉米市场价格，占比为 95.45%，而 2016 年之前家庭农场最想获取的信息是玉米收储价格。22 家家庭农场都有购买农业保险的行为。其中，2016～2018 年，部分家庭农场在有的年份购买了农业保险。2019～2020 年，所有家庭农场都购买了农业保险。而 2016 年之前家庭农场都没有购买农业保险。22 家家

庭农场都没有加入合作社。

表 8-7 家庭农场质量和风险意识的变化情况

指标		农场数量（家）	
		2015 年之前	2016~2020 年
购买玉米种子主要考虑的因素	产量、抗病虫害	22	20
	产量、抗病虫害、市场需求	0	2
最想获取的信息	玉米市场价格	0	21
	玉米收储价格	22	—
	国家补贴情况	0	1
是否购买农业保险	是	0	22
	否	22	0
是否加入合作社	是	0	0
	否	22	22

注：2016~2020 年没有玉米收储价格。

据调研了解，家庭农场不了解深加工企业需求，小商贩收购玉米时又不能做到优质优价，这是家庭农场购买玉米种子时较少考虑市场需求的主要影响因素。实际上，仅有 1 家家庭农场能准确地说出具体的玉米品种。由于玉米生产者补贴都是按承包土地中玉米种植面积发放，对家庭农场种植玉米的激励作用十分有限，玉米市场价格成为家庭农场最想了解的信息。面对玉米收储制度改革后风险的增加，家庭农场风险意识明显增强，均购买了玉米农业大灾保险的意愿，特别是在 2019 年、2020 年遭遇严重干旱期间，但是通过加入合作社提高抵御市场风险的意识较弱，这或许和H 县没有运行规范、带动能力强的合作社有关。

8.3 结论与讨论

基于省级示范家庭农场的面板调查数据，主要从玉米种植行为的变化情况等 3 个方面进行分析。

第一，种植玉米面临较高的自然风险。家庭农场大部分土地都需要流转，流转的土地主要来源于村里的荒地、山地、坡地，这部分土地土质较差、普遍缺乏灌溉条件，中等及以下土地占比为 72.63%，增加灌溉设施需要较高投入，种植玉米受干旱等自然灾害影响较大。

第二，玉米种植具有一定的刚性。部分家庭农场也尝试着减少玉米种植面积、增加传统作物杂粮杂豆或者经济作物葵花等，但是，这些农产品市场价格波动大，且常常面临销售困难的问题，加之玉米出售价格呈上涨趋势、机械化程度高、省时、省力等优势，仍有近 60% 的家庭农场玉米种植面积都没有变化。虽然约 37% 的家庭农场减少了种植玉米，但是，玉米播种面积至少仍占其农作物总播种面积的 70% 以上。

第三，没有建立优质优价机制。深加工企业按照优质优价原则向大商贩收购玉米，为了方便、省事，又考虑到玉米数量较小等因素，家庭农场仍然选择一次性将玉米出售给上门收购的小商贩，通常一个村的价格基本一样。家庭农场和小商贩之间没有建立优质优价机制，与玉米收储制度改革前的情况一样。

第四，风险意识明显增强，但是质量意识有待提高。风险意识明显增强表现为家庭农场都有购买农业保险的意愿和最关注玉米市场价格信息，质量意识有待提高表现为家庭农场购买玉米种子时仍较少考虑市场需求因素。

根据以上主要结论，提出的政策建议如下。

第一，加大政策扶持力度。一是加大对玉米规模种植农户配套灌溉设施的投入力度，增加普遍抵御自然风险的能力；二是按实际种植面积发放玉米生产者补贴，发挥补贴保障种粮农民基本收益的作用。

第二，支持种植结构调整。一是利用好从玉米和大豆生产者补贴中调剂的种植结构调整补贴资金，在灌溉条件较好的地区支持综合效益高、抗灾避灾能力强的规模化设施农业，在灌溉条件较差的地区支持传统作物杂粮杂豆的生产；二是利用位于农牧交错区的区位特点，又是国家粮改饲试点县，扩大专用青贮玉米种植①。

第三，引导建立优质优价机制。例如，壮大带动能力强的合作社，鼓励家庭农场通过加入合作社将玉米由合作社直接出售给深加工企业，既能提高家庭农场抵御市场风险的能力，也可以倒逼家庭农场增强质量意识。

8.4 本章小结

小农户是我国农业生产的主体，新型农业经营主体和服务主体是带动小农户的主体力量，新型农业经营主体中对家庭农场经营行为的研究最多。基于此，本章利用 H 县 22 家省级示范家庭农场的面板调查数据，对其 2016～2020 年经营行为的变化及影响因素进行了分析。

第一，受人均耕地面积较小和土地集中连片申报要求的制约，家庭农场大部分土地需要流转，流转的土地土质较差、普遍缺乏灌溉条件，种植玉米面临较高的自然风险。据调研了解，家庭农场流转的土地主要来源于村里的荒地、山地、坡地，中等及以下土地占比为 72.63%，后期需要开垦、平整、增加灌溉设施等，投入成本较高。

第二，受其他农产品市场价格波动大且常常面临销售困难、玉米出售价格呈上涨趋势、玉米种植省时省力等因素的影响，家庭农场种植玉米具有一定的刚性。据调研了解，部分家庭农场也尝试着减少玉米种植面积、增加传统作物杂粮杂豆或者经济作物葵花等，但是仍有 59.09% 的家庭农场种植的农作物品种和玉米种植面积都没有变化，36.37% 的家庭农场虽然减少了玉米种植面积，但是至少仍占农作物种植面积的 70% 以上。

第三，受经营规模较小和缺乏带动能力强的新型农业经营主体等因素的影响，家庭农场仍然选择一次性将玉米出售给上门收购的小商贩。据调研了解，深加工企业向大商贩收购玉米时能按照优质、优价原则，但是，

---

① H 县存在把普通的籽粒玉米提前收割用于青贮的情况。

家庭农场为了方便、省事仍然普遍选择将玉米出售给上门收购的小商贩，而小商贩通常一个村定一个价格。小商贩收购家庭农场的玉米并没有遵循优质、优价原则，与改革前的情况一样。

第四，面对市场的不确定性，家庭农场风险意识明显增强，但是质量意识有待提高。家庭农场都有购买农业保险的意愿，且最关注的信息是价格，与改革前相比风险意识明显增强，但是，购买玉米种子时仍较少关注市场需求，质量意识还有待继续提高。

第9章

东北地区加工企业经营行为
变化典型案例调查

　　粮食收储制度改革除了对粮食生产领域产生重大影响外，对粮食流通领域带来的积极变化主要体现在四个方面。一是收购方式上，由政策性收购为主转向市场化收购常态化。二是价格形成上，由围绕托市价格小幅波动转向市场形成价格。目前，玉米和大豆价格都基本由市场自然形成，生产者随行就市出售玉米和大豆。稻谷由 2018 年的"最低收购价收购 + 生产者补贴"政策调整为 2020 年的"最低收购价限量收购 + 生产者补贴"政策，虽然继续执行最低收购价政策，但是最低收购价水平连续下降后趋于稳定并限定了收购总量，最低收购价正在向托底价回归。三是收购主体上，由国有粮食企业为主转向多元市场主体共同参与。国有粮食企业多年来承担大部分粮食市场流通的职责逐步削减，国家和地方政府通过加大信贷支持、加强市场信息服务等措施引导多元主体积极入市收粮，大型民营私营粮食收购企业、加工企业已成为粮食流通过程中的主要渠道。四是监管和服务上，由主要面向国有粮食企业转向全社会各类市场主体。监管粮食收购市场、打击坑农害农行为是地方政府和各级粮食行政管理部门的主要职责，创新信贷支持模式、为粮食收购提供信贷服务是农业发展银行信贷工作的重中之重，多元市场主体共同参与粮食流通格局下，监管和服务对象也由主要面向国有粮食企业扩展至全社会各类市场主体。基于此，本章在对粮食收储制度改革以来东北地区粮食市场化收购变化情况和加工企业收购价格变化情况分析的基础上，利用东北地区 4 家玉米加工企业的面板调查数据，通过分析 2016～2020 年加工企业经营行为的变化来印证农户经营行为。

9.1 粮食市场化收购数量和价格变化情况

9.1.1 粮食市场化收购数量变化情况

1. 全国

粮食收储制度改革后，改变了国有粮食企业政策性收储主导市场的格局，形成了国有粮食企业、民营企业、粮食经纪人等多元主体共同入市收购的新格局，2016 年中储粮玉米的收购量占收购总量的 20%，这一比例在临时收储政策实施时几乎都是 100%。①

2016/17～2020/21 年度，主产区各类粮食企业在旺季累计收购秋粮（中晚稻、玉米和大豆）数量在波动中呈减少趋势。其中，中晚稻、玉米收购数量也都在波动中呈减少趋势，与其产量变化趋势基本一致。秋粮中只有中晚稻仍然保留最低收购价框架，2020/21 年度，中晚稻市场化收购占比高达 90.5%。2021/22 年度，随着产量的增加，中晚稻、玉米收购数量也都增加，市场化收购占比虽然降低但仍高于 2016/17～2018/19 年度（见表 9－1）。

---

① 国家粮食和物资储备局官网。本章其他数据除个别标注外，均来自笔者实地调研。

表 9-1　　　　2016/17~2021/22 年度秋粮收购情况　　　　单位：万吨

项目	2016/17年度	2017/18年度	2018/19年度	2019/20年度	2020/21年度	2021/22年度
主产区各类粮食企业累计收购中晚稻、玉米和大豆	19203	18137	19029	17830	16377	18524
主产区累计收购中晚稻	7061	7896	7724	7743	6432	6627
其中，最低收购价收购	2091	—	2173	2208	610	1466
吉林省等11个主产区累计收购玉米	11941	9831	10986	9802	9703	11656
内蒙古自治区等6个主产区累计收购大豆	201	410	319	285	242	241

注：—表示没有找到相关数据。
资料来源：国家粮食和物资储备局官网。

2. 东北地区

东北地区只有稻谷仍执行最低收购价政策，稻谷的市场化收购情况决定着东北地区粮食市场化收购整体情况。2018年，黑龙江省秋粮市场化收购占比达73%，其中，稻谷市场化收购占比达53%，秋粮和稻谷收购首次改变了政策性收购为主的格局。2016~2019年，吉林省政策性稻谷收购量4年的总和仅相当于2015年全年的收购量，最多的年份也没有超过当年产量的10%，其中，2018年，吉林省没有启动中晚稻最低收购价执行预案。2016~2021年，辽宁省都没有启动中晚稻最低收购价执行预案。

以黑龙江省为例，粳稻最低收购价由2016年的每斤1.55元下调至2018年的每斤1.3元，2019~2021年保持不变。除了2020年为确保不因新冠疫情影响农民售粮延长粳稻最低收购价收购政策执行期限，其余年份粳稻最低收购价收购政策执行期限都是上年10月底至当年2月底。2016/17年度，中储粮黑龙江省分公司累计收购最低收购价粳稻1777.4万吨，市场化收购占比仅为7.63%。随着最低收购价的下调和稻谷生产者补贴政策的实施，市场化收购占比逐年提高，2020/21年度最高，达到73.39%

（见表 9 – 2）。

表 9 – 2   2016/17 ~ 2021/22 年度黑龙江省最低收购价稻谷收购情况

项目	2016/ 17 年度	2017/ 18 年度	2018/ 19 年度	2019/ 20 年度	2020/ 21 年度	2021/ 22 年度
最低收购价 （元/斤）	1.55	1.5	1.3	1.3	1.3	1.3
执行期限	2017.10.25 ~ 2018.2.28	2017.10.10 ~ 2018.2.28	2018.11.1 ~ 2019.2.28	2019.11.1 ~ 2020.2.28	2020.1.1 ~ 2021.3.31	2021.11.5 ~ 2022.2.28
最低收购价累计 收购（万吨）	1777.4	1394	1356.5	1432.5	570.2	1230
全省入统企业累 计收购（万吨）	1924.2	2840	2964	3020.5	2142.5	2155.5
市场化收购 占比（%）	7.63	50.92	52.99	52.57	73.39	42.94

资料来源：根据黑龙江省粮食和物资储备局公布的资料整理。

粮食价格由市场供求决定，优质优价市场信号得以释放，优质优价即质量和价格对等，首先卖方保证优质是优价的前提条件，同时优质还必须得到买方的认可。优质优价市场信号的释放，就是加工企业、流通企业在收购环节保证实现优质优价，从而倒逼农户提高粮食质量意识。与玉米、大豆相比，稻谷品种、用途较为单一，为了便于分析，以稻谷为例分析优质优价市场信号的释放问题。优质稻米与普通稻米的市场价差对农户优质稻米种植意愿有非常显著的正向影响，一般情况下，与普通稻米生产相比，优质稻米的生产成本较高且产量较低，只有较高的市场价差才有可能补偿其生产成本高和产量低造成的损失，农户才有可能种植优质稻米（陈艳红、胡胜德，2014）。2018 年，吉林省优质品种稻谷价格平均每斤 1.6元，比最低收购价高 0.3 元，稻谷平均收购价稳定在每斤 1.45 元左右，高出最低收购价 0.15 元，最低收购价政策未启动。此外，优质优价市场信号的释放还体现在当市场价格下跌时，优质稻谷价格相对坚挺。2018 年上半年，东北地区普通稻谷价格总体下跌，优质稻谷价格降幅远小于普通稻谷，局部甚至上涨。黑龙江省圆粒粳稻等普通稻谷收购价较年初每吨下跌

150 元,吉林省长春市超级稻收购价较年初每吨下跌 20~50 元,哈尔滨市的优质长粒粳稻收购价较年初每吨上涨 80~100 元。优质优价市场信号的释放,让市场价格信号在农户的种植决策中发挥越来越重要的作用(刘慧、秦富,2019)。调研表明,普通稻和优质稻分化明显,优质食味稻、专用稻等品种仍然受到市场收购主体欢迎,需求旺,销路好,价格优势明显,2020 年,黑龙江省五常市稻花香 2 号稻谷价格平均每斤 3 元,是普通粳稻价格的 2 倍以上(徐春春等,2021)。

9.1.2 玉米加工企业收购价格变化情况

辽宁省益海嘉里地尔乐斯淀粉科技有限公司(以下简称"辽宁省益海嘉里")于 2006 年 2 月 20 日成立,是世界 500 强企业丰益国际(Wilmar International)在华投资集团益海嘉里集团和赛瑞中国投资公司共同投资,注册资金 4.4 亿元人民币,占地面积 56 万平方米,年设计玉米加工能力为 60 万吨,公司位于辽宁省省开原市铁东工业园区,主要产品大致可分为饲料、食品和工业三大类。吉林省嘉吉生化有限公司(以下简称"吉林省嘉吉生化")于 1996 年 2 月 13 日成立,为美国嘉吉公司独资的大型玉米深加工企业,注册资本 13 亿元人民币,占地面积 70 公顷,年设计玉米加工能力为 60 万吨,公司坐落在吉林省松原市,主要产品包括玉米淀粉、葡萄糖浆等。黑龙江省昊天玉米开发有限公司(以下简称"黑龙江省绥化昊天")于 2005 年注册成立,是由山东诸城兴贸玉米开发有限公司在黑龙江省绥化市投资兴建的,占地面积 42 万平方米,公司一期工程建设了 20 万吨玉米变性淀粉、15 万吨麦芽糖浆、5 万吨玉米色拉油三个项,二期工程完工后,公司主要产品有玉米淀粉、变性淀粉、药用淀粉等 10 余种产品。

2016~2021 年,辽宁省益海嘉里、吉林省嘉吉生化、黑龙江省绥化昊天玉米开秤时间没有显著变化,开秤价都呈上涨趋势,涨幅分别为每吨 900 元、820 元、940 元(2017 年数据)。其中,2020 年、2021 年涨幅最大,2020 年,辽宁省益海嘉里、吉林省嘉吉生化、黑龙江省绥化昊天较

2019 年每吨分别上涨了 360 元、400 元、296 元；2021 年较 2020 年每吨分别上涨了 410 元、200 元、410 元（见表 9 - 3）。

表 9 - 3　　　　2016~2021 年东北地区玉米深加工企业开秤收购情况

企业		2016 年	2017 年	2018 年	2019 年	2020 年	2021 年
辽宁省 益海嘉里	开秤时间	9.23	—	9.17	9.19	9.10	9.2
	开秤价格（元/吨）	1650	—	1720	1780	2140	2550
吉林省 嘉吉生化	开秤时间	9.27	9.26	10.18	—	9.15	9.28
	开秤价格（元/吨）	1480	1500	1650	1700	2100	2300
黑龙江省 绥化昊天	开秤时间	—	9.25	9.14	9.26	9.16	9.1
	开秤价格（元/吨）	—	1480	1600	1714	2010	2420

注：—表示没有找到数据；辽宁省益海嘉里为二等新粮 14% 水价格，吉林省嘉吉生化、黑龙江省绥化昊天均为三等新粮 14% 水价格。

资料来源：根据中国玉米网每日粮油发布的数据整理。

9.2　玉米加工企业典型案例

9.2.1　数据来源与分布

数据由位于辽宁省沈阳市、朝阳市的 4 家玉米加工企业的基本信息、加工企业经营状况的变化情况、加工企业玉米采购行为的变化情况、加工企业对玉米收储制度改革的看法 4 部分构成。其中，加工企业的基本信息包括经营范围、成立时间、注册资金、固定职工、年加工能力 5 个指标，加工企业经营状况的变化情况包括开工率、生产规模、盈利状况 3 个指标，加工企业玉米采购行为的变化情况包括采购数量、采购来源、采购渠道、采购次数、采购价格 5 个指标，加工企业对玉米收储制度改革的看法包括对企业经营的影响、对农民收入的影响、企业经营状况的主要影响因素、农民种植玉米的主要影响因素 4 个指标。数据来自课题组 2021 年初对 4 家玉米深加工企业的问卷调查。

9.2.2 样本企业基本信息

从企业经营范围看，2 家加工企业仅从事饲料加工销售；1 家加工企业从事饲料研发、生产及销售，饲料原料销售，粮食收购；1 家加工企业从事家禽饲养、饲料加工销售等。从企业成立时间看，最早的成立于 1995 年，最晚的成立于 2012 年。从企业注册资金金额看，1 家加工企业注册资金为 1000 万元，其余 3 家加工企业注册资金均为 500 万元。从企业固定职工人数看，分别为 40 人、19 人、130 人、41 人；从企业年加工能力看，分别为 8 万吨、1 万吨、30 万吨、0.5 万吨（见表 9 - 4）。进一步了解，虽然样本企业基本信息存在较大差别，但是总体上都属于小型企业，都没有享受过玉米深加工企业补贴或饲料加工企业补贴政策。

表 9 - 4　　　　　　　　　　　样本企业基本特征

经营范围	A 企业	饲料加工销售
	B 企业	饲料研发、生产及销售，饲料原料销售，粮食收购
	C 企业	饲料加工销售
	D 企业	家禽饲养，饲料加工销售
成立时间（年）	A 企业	2009
	B 企业	2012
	C 企业	1995
	D 企业	2001
注册资金（万元）	A 企业	1000
	B 企业	500
	C 企业	500
	D 企业	500
固定职工（人）	A 企业	40
	B 企业	19
	C 企业	130
	D 企业	41

续表

经营范围	A 企业	饲料加工销售
	B 企业	饲料研发、生产及销售，饲料原料销售，粮食收购
	C 企业	饲料加工销售
	D 企业	家禽饲养，饲料加工销售
年加工能力（万吨）	A 企业	8
	B 企业	1
	C 企业	30
	D 企业	0.5

9.2.3 结果分析

1. 加工企业经营状况的变化情况

表 9 - 5 显示，2016～2020 年，1 家加工企业开工率明显上升，3 家加工企业开工率基本保持稳定；3 家加工企业扩大了生产规模，1 家加工企业生产规模保持不变；4 家加工企业盈利状况都是盈利或持平。

表 9 - 5　　　　　　　2016～2020 年加工企业经营状况变化情况

指标			2016 年	2017 年	2018 年	2019 年	2020 年
开工率（%）		A 企业	50	60	80	100	90
		B 企业	90	90	90	90	90
		C 企业	100	100	100	100	100
		D 企业	50	31.5	55	50	50
生产规模	较上年是否变化？0 = 不变；1 = 扩大；2 = 缩小	A 企业	0	0	1	0	0
		B 企业	1	1	1	1	1
		C 企业	0	0	0	0	1
		D 企业	1	2	1	0	0
盈利状况	是否盈利？0 = 盈利；1 = 持平；2 = 亏损	A 企业	1	1	1	1	1
		B 企业	0	0	0	0	0
		C 企业	1	1	2	0	0
		D 企业	1	2	1	1	1

进一步了解，与 2015 年及之前相比，1 家加工企业开工率提高，2 家加工企业保持不变，1 家加工企业降低。A 企业生产规模变化的原因主要是产品质量提升、客户增多；B 企业主要是市场占有率增加、市场销售区域扩大；C 企业主要是浓缩料比例减小，主要原料是玉米的配合料比例增加；D 企业主要是 2017 年上半年受鸡蛋价格影响本企业减少商品蛋鸡饲养量，相应的饲料生产量也相应减少，下半年至 2018 年 4 月增加了商品蛋鸡饲养量，达到 2016 年平均水平，之后 3 年公司整体饲养量没有太多变化，相应的饲料生产量增长不多。

2. 加工企业玉米采购行为的变化情况

表 9 - 6 显示，2016 ~ 2020 年，1 家加工企业玉米采购数量增加，3 家加工企业保持稳定；3 家加工企业玉米都在省内采购，1 家加工企业 10% ~ 20% 的玉米在省外采购；4 家加工企业都向商贩购买玉米；2 家加工企业玉米采购次数都明显增加；4 家加工企业玉米平均采购价格都在上涨。

表 9 - 6　　　　2016 ~ 2020 年加工企业玉米采购行为变化情况

指标		2016 年	2017 年	2018 年	2019 年	2020 年
采购数量（万吨）	A 企业	50	60	80	100	90
	B 企业	90	90	90	90	90
	C 企业	100	100	100	100	100
	D 企业	50	31.5	55	50	50
采购来源	省外占比（%）；省内占比（%） A 企业	0；100	0；100	0；100	0；100	0；100
	B 企业	0；100	0；100	0；100	0；100	0；100
	C 企业	10；90	10；90	20；80	20；80	10；90
	D 企业	0；100	0；100	0；100	0；100	0；100
采购渠道	向农民购买占比（%）；向商贩购买占比（%） A 企业	0；100	0；100	0；100	0；100	0；100
	B 企业	0；100	0；100	0；100	0；100	0；100
	C 企业	0；100	0；100	0；100	0；100	0；100
	D 企业	0；100	0；100	0；100	0；100	0；100

续表

指标		2016 年	2017 年	2018 年	2019 年	2020 年
采购次数（次）	A 企业	40	45	55	65	66
	B 企业	11	9	12	10	10
	C 企业	—	—	—	—	—
	D 企业	13	10	15	16	20
平均采购价格（元/斤）	A 企业	0.85	0.85	0.95	1.1	1
	B 企业	0.9	0.89	0.95	0.90	0.96
	C 企业	0.85	0.85	0.9	0.95	1.2
	D 企业	0.853	0.862	0.973	1.104	1.27

注：—表示 C 企业未提供该部分数据。

进一步了解，与 2015 年及之前相比，3 家加工企业玉米采购数量增加；4 家加工企业省内采购地为本县和临近县；3 家加工企业玉米采购来源地不变，C 企业省内份额增加；3 家加工企业玉米采购渠道不变，A 企业向商贩购买比例增加，主要原因是商贩供货数量较大、价格相对稳定；3 家加工企业玉米采购次数增加，D 企业玉米采购次数减少；A 企业认为玉米采购价格波动减小，主要原因是土地流转后土地较为集中、玉米供货源头较为稳定，B 企业认为玉米采购价格波动减小，主要原因是随着设施农业建设以及合作社的壮大，供货渠道、数量相对稳定一些，C 企业认为玉米采购价格波动减小，主要原因是公司、主要供粮商和粮库合作价格相对稳定。

3. 加工企业对玉米收储制度改革的看法

表 9 - 7 显示，4 家加工企业都认为玉米收储制度改革对企业经营没有影响；3 家加工企业认为玉米收储制度改革对农民收入没有影响，1 家认为对农民收入产生不好的影响，原因是农民应对市场价格波动的风险增加；3 家加工企业将产品销售价格排在企业经营状况的主要影响因素第 1 位，2 家加工企业将人工成本排在第 2 位，4 家加工企业玉米成本占原料成

本的比例在 60% ~ 65%；3 家加工企业将缺劳动力排在农民种植玉米的主要影响因素第 1 位，1 家加工企业将市场价格高排在第 1 位，有补贴、好销售也是主要影响因素。

表 9 – 7 加工企业对玉米收储制度改革的看法

指标			选项
玉米收储制度改革对企业经营的影响	0 = 好；1 = 没影响；2 = 不好	A 企业	1
		B 企业	1
		C 企业	1
		D 企业	1
玉米收储制度改革对农民收入的影响	0 = 好；1 = 没影响；2 = 不好	A 企业	1
		B 企业	1
		C 企业	2
		D 企业	1
企业经营状况的主要影响因素	0 = 玉米采购成本；1 = 产品销售价格；2 = 人工成本；3 = 厂房、机器成本；4 = 其他（排序）	A 企业	1
		B 企业	1、2、0、3
		C 企业	1
		D 企业	0、2、3、1
农民种植玉米的主要影响因素	0 = 市场价格高；1 = 有补贴；2 = 好销售；3 = 缺劳动力；4 = 其他（排序）	A 企业	3、1、0、2
		B 企业	3、0、1、2
		C 企业	3
		D 企业	0、2、1、3

9.3 结论与讨论

利用玉米加工企业的面板调查数据，通过分析其经营行为来印证农户经营行为，主要结论如下。

第一，加工企业经营状况总体改善，主要原因是玉米质量变好、产品质量提升。与 2015 年及之前相比，2016 ~ 2020 年，1 家加工企业开工率明显上升，其余 3 家则保持稳定；2 家加工企业扩大了生产规模，2 家生产规模保持不变；4 家加工企业盈利状况都是盈利或持平。

第二，除了玉米采购次数明显增加外，加工企业玉米其他采购行为没有发生变化，玉米采购次数明显增加的主要原因是规避市场价格波动加大的风险。与之前相比，2016～2020 年，1 家加工企业玉米采购数量在增多，其余3 家则保持基本稳定；3 家加工企业的玉米都在省内采购，1 家在省外采购玉米量占比约为 10%～20%；4 家加工企业都向商贩购买玉米；4 家加工企业玉米采购次数都明显增加；4 家加工企业玉米平均采购价格都在上涨。

从玉米加工企业的视角看农户经营行为的变化，得出两点结论。

第一，产品质量提升是加工企业经营状况总体改善的主要原因，而加工企业采购的玉米质量总体变好是加工企业产品质量提升的重要影响因素，这说明面对玉米收储制度改革的冲击，农户逐渐适应市场需求的变化，开始注重玉米质量。

第二，加工企业玉米采购次数总体增加，但是采购来源和采购渠道基本没有改变，即主要是省内购买和向商贩购买，这说明商贩向农户收购玉米的次数也可能增加，这表明农户的售粮行为也会发生改变，即由集中售粮（秋收后和年前）向全年分散售粮转变，也在一定程度上表明农户的风险意识增强，更加关注市场价格的变化。

9.4 本章小结

粮食收储制度改革除了对粮食生产领域产生重大影响外，对粮食流通领域也带来了积极变化。收购方式上，由政策性收购为主转向市场化收购常态化；价格形成上，由围绕托市价格小幅波动转向市场形成价格。基于此，本章利用东北地区 4 家玉米加工企业的面板调查数据，通过分析其经营行为的变化来印证农户经营行为。

第一，东北地区目前只有稻谷实行最低收购价政策，也就是说，东北地区粮食市场化收购整体情况主要看稻谷的市场化收购情况。2018 年，黑龙江省秋粮市场化收购占比超过 70%，其中，稻谷占比超过 53%，首次改变了多年来政策性收购为主的局面。2016～2019 年，吉林省的政策性稻谷收购量总和仅相当于 2015 年一年的收购量，2018 年都没有启动最低收购价执行预案。

第二，从辽宁省益海嘉里地尔乐斯淀粉科技有限公司、吉林省嘉吉生化有限公司、黑龙江省昊天玉米开发有限公司 3 家玉米加工企业玉米收购价格变化情况看，2016～2021 年，玉米开秤价都呈上涨趋势，累计涨幅分别为每吨 900 元、820 元、940 元。

第三，加工企业经营状况总体改善的原因主要是，作为原料的玉米质量变好导致加工的产品质量也随之提升；加工企业为了规避市场价格波动的风险增加了采购次数，其他采购行为基本没变。

第四，从玉米加工企业的视角看农户经营行为的变化，得出以下两点结论：一是玉米质量提升是加工企业经营状况总体改善的重要影响因素，说明农户玉米质量意识有所提高；二是加工企业玉米采购次数总体增加，表明农户的售粮行为也发生改变，即由集中售粮向全年分散售粮转变，也在一定程度上表明农户的风险意识增强，即更加关注市场价格的变化。

第10章

粮食收储制度改革的
支持政策优化建议

在对第 3 章至第 9 章主要研究内容和研究结论进行总结的基础上，结合研究积累、粮食收储制度改革最新进展及相关政策动向，提出中央政府制定优化粮食收储制度改革及相关支持政策的对策建议、东北地区地方政府落实粮食收储制度改革及相关支持政策的对策建议。

10.1 中央政府制定优化粮食收储制度改革及相关
支持政策的对策建议

从中央层面看，粮食收储制度改革重点是指玉米收储制度改革，玉米收储制度改革后，国内外玉米市场的联系进一步加强，我国玉米不具有竞争优势，受到国际市场冲击的可能性加大。2016～2021 年，我国玉米供给格局从严重过剩转变为趋于紧张。长期我国玉米生产潜力将显著低于需求增长幅度，耕地资源约束下玉米与口粮争地矛盾突出，玉米进口量趋向增加。在此背景下，解决我国玉米短缺问题，要充分利用国内、国际两个市场、两种资源，以国内市场供给的稳定性应对国际市场的不确定性。稳定国内市场玉米供给的关键是让种粮农民有收益、抓粮地区不吃亏，在政策手段上要健全农民种粮收益保障机制和粮食主产区利益补偿机制。

健全农民种粮收益保障机制的基本思路是，充分发挥市场在资源配置中的决定性作用，更好地引导农民根据市场需求调整优化种植结构增加收入，同时要进一步完善支持政策，避免粮价大幅波动特别是过快下跌对种粮农民收入的冲击，力争做到政策保本、经营增效。具体是完善一揽子支持政策保底农民种粮不亏本，包括稳定玉米生产者补贴政策、提高农民的风险保障水平、继续实施配套支持政策，及建立优质优价机制促进农民种粮增收。

健全粮食主产区利益补偿机制的基本思路是，对粮食主产区的利益补偿不能仅停留在满足维持基本运转的层面，还需要支撑部分更高层次的经济社会发展的需要，这两部分需要应由中央政府和主销区共同承担。具体是完善中央对主产区、产粮大县的政策性补偿和创新主销区对主产区的发展性补偿。

此外，不同粮食作物的比价关系影响粮食种植结构和供需结构，在推进粮食收储制度改革过程中要综合考虑不同粮食作物的联动效应。

综上所述，中央政府应从六个方面优化粮食收储制度改革及相关支持政策。

10.1.1 稳定玉米生产者补贴政策，托底农民种粮不亏本

玉米生产者补贴直接与玉米种植面积挂钩，补贴对象为本省辖区范围内玉米合法实际种植面积的实际生产者，包括农民、农民专业合作社、企事业单位等，补贴资金通过"一折（卡）通"直接发放给实际生产者，是普惠制的补贴。以黑龙江省为例，2016～2019年，玉米生产者补贴分别弥补了亏损的40.7%、80.1%、22.1%、20.9%，在托底农民种粮不亏本方面发挥了重要作用。[1] 此外，据调研了解，玉米生产者补贴也是影响农户种植决策的重要因素。建议将玉米生产者补贴政策纳入国家长期支农政

---

① 根据黑龙江省财政厅等部门历年公布的数据整理。

策，实践中还需要在以下两个方面进一步完善。

1. 玉米生产者补贴政策每次调整的实施期间应与国民经济和社会发展计划期间保持一致

截至 2021 年，玉米生产者补贴政策实施期间共经历了两次调整。第一次是在《财政部关于建立玉米生产者补贴制度的实施意见》中，明确中央对省（区）的补助额度测算确定依据是，当年亩均补贴水平与基期 2014 年各省（区）玉米播种面积。第二次是在《关于完善玉米和大豆生产者补贴政策》中，明确中央财政对有关省（区）玉米补贴不超过 2014 年基期播种面积，2020～2022 年保持不变。两次调整的实施期间都是 3 年，根据对辽宁省朝阳市 H 县 22 家省级示范家庭农场的问卷调查，土地流转期限在 10 年以上的占比为 95.45%，最短流转期限是 5 年。3 年一定不利于种粮农民的中长期决策，也不利于东北地区地方政府在本省国民经济和社会发展计划（指 5 年的中期计划）下统筹安排粮食生产计划，同时还增加了东北地区地方政府制定相应实施方案的工作量。建议每次调整的实施期间与国民经济和社会发展计划期间一致，即由目前的 3 年一定调整为 5 年一定，有利于东北地区地方政府和种粮农民合理安排中长期粮食生产计划。

2. 财政部下达有关省（区）玉米生产者补贴资金总额应保持相对稳定

以黑龙江省为例，2019～2021 年，财政部下达的玉米生产者补贴资金总额分别为 24.02 亿元、29.43 亿元、64.84 亿元，年际间变化较大。在都以 2014 年为基期的情况下，玉米生产者补贴资金总额直接影响着玉米生产者补贴标准的制定，2016～2021 年，黑龙江省玉米生产者补贴标准分别为每亩 153.92 元、133.46 元、25 元、30 元、38 元、68 元，其中，2018 年、2019 年最低。[1] 与此形成鲜明对比的是，2020 年、2021 年玉米市场价格大幅上涨，农民种植玉米收益普遍较高，而 2020 年、2021 年玉米生产者补

---

[1] 根据黑龙江省财政厅历年公布的数据整理。

贴标准却高于农民种植玉米普遍亏损的 2018 年、2019 年。建议财政部下达有关省（区）玉米生产者补贴资金在一个实施期间内应保持相对稳定，让农民种粮可预期，充分发挥玉米生产者补贴政策托底农民种粮不亏本的作用。

10.1.2 提高农民的风险保障水平

玉米收储制度改革后，国家取消托市收购，各种因素导致国外和国内市场玉米价格出现较大波动，农民种粮风险增加，政府的支持政策应更多地关注于如何防范风险。农业保险作为一项"绿箱"政策日益受到各国政府的关注和重视，完善政策性农业保险可以对我国农业进行合理有效的保护。此外，以小农户为主的家庭经营是我国农业经营的主要形式，提高小农户风险保障水平的重点是提升小农户的组织化程度。

1. 提升小农户的组织化程度

小农户长期存在是我国的基本国情农情，由于信息不对称或者信息不充分，导致小农户种植决策过程存在明显的"羊群效应"。此外，由于产量较少和运输成本较高，东北地区小农户仍普遍选择将粮食出售给上门收购的小贩，而小贩压级、压价导致小农户种植优质粮食的积极性并不高。提高小农户风险保障水平的重点是提升小农户的组织化程度，包括发展农业社会化服务、建立"龙头企业＋基地＋农户"和"企业＋合作社＋基地＋农户"等粮食生产产业化发展模式等。在发展农业社会化服务方面，要支持农业服务公司、农民合作社等各类主体，大力发展单环节、多环节、全程生产托管服务，提高小农户种粮综合效益，加快把小农户引入现代农业发展轨道。

2. 做好目前主要保险产品政策的衔接

当前，针对玉米的保险产品除了完全成本保险和种植收入保险以外，还有直接物化成本保险和农业大灾保险。后续在推进完全成本保险和种植收入保险的过程中，保留直接物化成本保险，自 2022 年起取消农业大灾保险。解决农民种粮后顾之忧，最大限度地发挥农业保险的风险保障作用需要做好这几项保险产品政策的衔接、做好财政支持、做好承保理赔。

3. 在推动完全成本保险和种植收入保险向产粮大县全覆盖的过程中做好财政支持

2021 年，我国农业保险保费收入达 965.18 亿元，其中，中央财政拨付保费补贴达 333.45 亿元，为我国农业生产提供风险保障 4.78 万亿元，①为农业生产目标的实现提供了强有力的风险保障。财政在推动完全成本保险和种植收入保险向产粮大县全覆盖的过程中发挥极其重要的作用。《关于扩大三大粮食作物完全成本保险和种植收入保险实施范围的通知》规定，中央和地方财政对投保农户保费实施补贴，补贴标准为在省级财政补贴不低于 25% 的基础上，中央财政对中西部地区和东北地区补贴 45%，对东部地区补贴 35%，未对农户自缴比例和市县财政承担比例作出要求，由实施地区省级财政结合实际自主确定。因此，不仅要考虑农户的保费承担能力，还需要市县等地方政府为推进完全成本保险和种植收入保险产粮大县全覆盖做好财政支持。

4. 优化完善"保险＋期货"模式

"保险＋期货"实质是一种利用衍生品市场进行风险分散的新型农业保险，是在我国深化粮食收储制度与价格形成机制改革过程中，为了解决既要确保粮食供给，又要防止谷贱伤农问题，期货业携手保险机构融合各自风险管理优势，补充完善传统保险定价的局限性所推出的一项金融创新，已连续七年被中央一号文件提及，表明了该模式在切实保障农户收

---

① 财政部官网。

益、推动乡村产业健康发展、助力乡村振兴等方面得到了国家层面的高度认可。当前，我国"保险+期货"项目规模有限，只能起到引导和示范的作用，项目的保费补贴主要依靠交易所为主的金融机构支持，长期不可持续，大规模市场化推广需要多方面筹措收入保险保费资金。未来需要发挥政府主导作用，争取将其列入中央财政支持的政策性保险范围，同时拓宽保费来源渠道，形成"政府+期货公司+农民"的保费分担机制，进一步促进其健康发展。

10.1.3　继续实施配套支持政策

考虑到玉米作为重要的能量饲料，长期来看需求呈增加趋势，还需要加大支持力度，提高优势产区产能。面对玉米收储制度改革的冲击，非优势产区农户调整种植结构的意愿较高，但是能力较差，玉米播种面积短期内具有一定的刚性，仅通过市场价格变化调整玉米结构的空间有限，还需要继续实施粮改饲试点支持政策、耕地轮作试点政策等来支持非优势产区农户调整种植结构。

1. 加大对玉米生产功能区建设的支持力度，提高优势产区产能

早在 2017 年 4 月，国务院就专门印发了《关于建立粮食生产功能区和重要农产品保护区的指导意见》，全面部署"两区"划定和建设工作，建立"两区"本质上是把种植粮食和重要农产品的优势区域相对固定下来，以生产粮食等主要农产品为功能，实施差别化、定向化扶持政策，进一步优化农业生产结构和区域布局。辽宁省、吉林省、黑龙江省分别划定玉米生产功能区 3400 万亩、5200 万亩、6200 万亩，合计占三省 2020 年玉米总播种面积的 79.14%。应通过落实农业基础设施建设投资向"两区"倾斜，率先在"两区"范围内建立绿色导向的补贴制度，尽快在"两区"范围内推动农业保险全覆盖政策支持措施，在"两区"内建设集中连片、旱涝保收、稳产高产、生态友好的高标准农田，提升优势产区产能。

2. 继续实施粮改饲试点支持政策、耕地轮作试点政策，支持非优势产区玉米结构调整

近年来，随着玉米市场价格上涨，巩固非优势产区玉米结构调整成果压力增加。东北地区玉米非优势产区包括农牧交错区和冷凉地区。粮改饲试点支持政策是农牧交错区玉米结构调整的最主要的配套支持政策，始于2015年，2015～2020年，东北地区粮改饲试点实施范围逐步扩大，辽宁省由3个县扩大到7个市的33个县，吉林省由3个县（区）扩大到18个县（市、区）和延边州（整州推进），黑龙江省由3个县（区）扩大到全省；耕地轮作试点政策是冷凉地区玉米结构调整的最主要的配套支持政策，始于2016年，以黑龙江省为例，全省轮作试点面积由250万亩增加到2022年的1500万亩。① 多年的实践证明，这两项配套支持政策取得了较好的经济效益和生态效益，在支持非优势产区玉米结构调整方面发挥了重要作用。在巩固非优势产区玉米结构调整成果压力增加的背景下，建议继续实施粮改饲试点支持政策、耕地轮作试点政策支持非优势产区玉米结构调整。

10.1.4　建立优质优价机制促进农民种粮增收

目前，我国玉米、大豆价格已经完全市场化，稻谷虽然仍执行最低收购价，也已经由政策性收储为主转变为市场化收购为主，农民也逐步认识到只有更加注重粮食质量才能持续增收，积极主动调整种植结构。"优粮"想要卖出"优价"，还需要创新经营方式、加强粮食产销衔接。要鼓励企业建立优质粮源生产基地，引导农民按市场需求安排生产；支持粮食企业、农民合作社等多元主体与农户、家庭农场等通过订单收购、预约收购等方式，建立长期稳定的市场化购销合作关系。

---

① 根据辽宁省、吉林省、黑龙江省农业农村厅、财政厅等部门公布的数据整理。

10.1.5 完善中央财政的纵向补偿制度和推动产销区合作纵深发展

中央政府从粮食主产区带来的粮食安全总福利效应中获益，承担对主产区的政策性补偿。主销区在主产区的支持下获取了发展非农产业的额外收益，优先承担对主产区的发展性补偿。一方面，要进一步支持销区粮食企业深入产区，通过合资、并购、控股、参股、租赁设施等多种形式，建立商品粮生产和收储基地、加工园区、营销网络等，投资建设粮油深加工、循环利用等产业项目，提升产区生产技术装备和产业化水平；另一方面，引导销区地方政府在确保区域内短期粮食安全的前提下，以股份合作等形式在产区建设粮食仓储物流设施，扩大异地跨省储备规模，以降低产区建设成本。

10.1.6 综合考虑不同粮食作物的联动效应

目前，东北地区只有稻谷仍然保留最低收购价政策框架，2022 年，粳稻最低收购价为每斤 1.31 元，较上年提高，同时还继续实施生产者补贴政策。虽然从粮食安全的视角来看有利于减少稻谷产量受市场价格影响而大幅波动的风险，但存在由于比价关系不合理导致稻谷供给过剩的风险。玉米收储制度改革初期，由于稻谷比较效益较高，东北地区很多地方出现了"旱改水"现象，由此带来了地下水严重超采、低质稻谷种植面积增加等问题。因此，政策层面推动种植结构调整需要考虑不同粮食作物的联动效应，避免解决了一个粮食品种的问题，另一个粮食品种又出现了问题的情况出现。

10.2 东北地区地方政府落实粮食收储制度改革及相关支持政策的对策建议

玉米、大豆生产者补贴制度基本原则一是中央支持、省级负责，即中央财政将一定数额的补贴资金拨付至省级财政，并赋予地方自主权，由各省（区）制定具体的补贴实施方案，确定本省（区）的补贴范围、补贴对象、补贴依据、补贴标准等，鼓励地方将补贴资金向优势产区集中。实践中，一是辽宁省、吉林省的玉米、大豆生产者补贴标准以县（市、区）为单位制定，并将补贴资金向优势产区倾斜，促进种植结构调整，黑龙江省全省统一标准；二是省（区）根据中央下达的资金额度和自身财力状况等因素确定玉米、大豆生产者的补贴额度。此外，支持玉米结构调整的其他政策，例如，粮改饲试点支持政策和耕地轮作试点政策等也由各省（区）制定具体的实施方案。

因此，东北地区地方政府拥有制定玉米、大豆生产补贴实施方案，从中央财政拨付的玉米、大豆生产补贴资金中提取种植结构调整资金，制定粮改饲试点支持政策和耕地轮作试点政策实施方案的自主权。提升优势产区产能的重点是利用好玉米、大豆生产者的补贴资金，巩固非优势产区玉米结构调整成果的重点是利用好提取的种植结构调整资金和支持种植结构调整的资金。综上所述，东北地区地方政府应从三个方面落实粮食收储制度改革及相关支持政策。

10.2.1 参照辽宁省、吉林省的做法，黑龙江省玉米、大豆生产者补贴标准也以县（市、区）为单位制定，并将补贴资金向优势产区倾斜，促进玉米、大豆种植结构合理调整

黑龙江省是我国玉米、大豆种植第一大省，2020 年，玉米、大豆播种面积分别占东北地区玉米、大豆播种总面积的 44%、91.9%，分别占全国玉米、大豆总播种面积的 13.3%、48.9%。[①] 黑龙江省农作物种植划分六个积温带，玉米优势产区主要分布在第一、第二、第三积温带，玉米结构调整的重点是将黑龙江省北部第四、第五积温带越区种植的玉米退出去，

---

① 《中国统计年鉴》（2021 年）。

大豆优势产区主要分布在第四、第五积温带。从播种面积变化看，2016～2020 年，黑龙江省玉米播种面积呈减少趋势，累计减少 1572 万亩，大豆播种面积呈增加趋势，累计增加 2413.49 万亩；[①] 从区域布局变化来看，玉米非优势产区，例如，黑河市玉米播种面积大幅减少，大豆播种面积大幅增加，但是，玉米优势产区，例如，哈尔滨市玉米播种面积也减少较多。考虑到 2022 年中央一号文件提出要大力实施大豆和油料产能提升工程，玉米和大豆争可能引起玉米播种面积减少。建议黑龙江省玉米、大豆生产者补贴标准也以县（市、区）为单位制定，并将补贴资金向优势产区倾斜，促进玉米、大豆种植结构合理调整。

10.2.2 继续将玉米生产者补贴资金向优势产区倾斜，提升优势产区农户种植玉米积极性

虽然辽宁省、吉林省在实施方案中都规定，玉米、大豆生产者补贴标准以县（市、区）为单位制定，并将补贴资金向优势产区倾斜，实践中也坚持这样的原则，但是，存在两个突出问题。一是存在玉米优势产区大豆生产者补贴标准高于玉米生产者补贴标准的情况。例如，辽宁省大连市金普新区是玉米优势产区，2018 年玉米生产者补贴标准为每亩 125.61 元，补贴面积为 19.8 万亩，大豆生产者补贴标准为每亩 145.61 元，补贴面积为 1.5 万亩。[②] 吉林省公主岭市也是玉米优势产区，2017 年玉米生产者补贴标准为每亩 201.9 元，补贴面积为 363 万亩，大豆生产者补贴标准为每亩 266.7 元，补贴面积为 4.72 万亩。[③] 二是存在玉米优势产区之间玉米生产者补贴差距较大的情况。例如，吉林省公主岭市和双辽市都是玉米优势产区，地域相邻，2018 年玉米生产者补贴标准分别为每亩 580 元、350 元。[④] 据调研了解，玉米优势产区的农户也困惑，大豆不是优势作物，为

---

① 历年《黑龙江省统计年鉴》。
② 根据辽宁省农业农村厅、财政厅公布的数据整理。
③④ 根据吉林省农业农村厅、财政厅公布的数据整理。

何补贴标准还高。建议玉米优势产区取消大豆生产者补贴，提高玉米生产者补贴标准，并保持邻近区域间基本稳定，提升优势产区农户种植玉米积极性。

10.2.3 继续将支持玉米种植结构调整的资金向非优势产区倾斜，引导非优势产区农户种植结构调整

支持玉米种植结构调整的资金主要包括东北地区地方政府从中央财政拨付的玉米、大豆生产者补贴资金中提取种植结构调整资金、粮改饲试点支持政策资金、耕地轮作试点政策资金等。随着近年来玉米市场价格走高，东北地区非优势产区玉米播种面积有所反弹。尽管辽宁省、吉林省、黑龙江省制定的大豆生产者补贴标准都高于玉米生产者标准，也都将从中央财政拨付的玉米、大豆生产补贴资金中提取种植结构调整资金向玉米非优势产区倾斜，但是，实践中仍存在两个突出问题。一是种植结构调整补贴适用范围不符合当地农业生产条件。例如，从2019年开始，辽宁省种植结构调整补贴主要支持综合效益高、抗灾避灾能力强、调整稳定性高的规模化设施农业，包括新建的规模化日光温、冷棚。实际情况是，辽宁省玉米非优势产区主要分布在辽西北地区，辽西北地区普遍自然条件恶劣、水资源严重短缺，传统优势作物是杂粮杂豆、饲草作物等。二是种植结构调整补贴、玉米生产者补贴、大豆生产者补贴、耕地轮作补贴并存，弱化了支持种植结构调整资金的引导作用。例如，敦化市地处长白山北麓，属冷凉型气候，是吉林省大豆主产区，2021年，种植结构调整补贴主要支持马铃薯种植，每亩100亩，大豆生产者补贴为每亩296元，玉米生产者补贴为每亩86.32元，耕地轮作补贴为每亩150元。[①] 建议取消非优势产区玉米生产者补贴，整合种植结构调整补贴、大豆生产者补贴、耕地轮作试点补贴资金等，提高补贴标准，引导非优势产区农户种植结构调整。

---

① 根据吉林省农业农村厅公布的数据整理。

10.3 创新点及今后研究方向

10.3.1 创新点

第一，在宏观层面将不同粮食品种收储制度改革联动起来考虑。第6章，东北地区玉米供给反应实证研究。影响供给的因素引入滞后一期玉米和大豆的出售价格比、滞后一期玉米和稻谷的出售价格比。模型结果表明，滞后一期玉米大豆出售价格比、滞后一期玉米稻谷出售价格比对当期玉米播种面积都具有显著的正向影响，模型分别表现出1%、10%水平上的统计显著性。这说明，东北地区玉米、大豆、稻谷互为主要替代性作物，三种粮食作物的比较效益是影响东北地区农户种植决策的重要因素。第10章，粮食收储制度改革的支持政策优化建议。本章提出，目前东北地区只有稻谷仍然保留最低收购价政策框架，2022年粳稻最低收购价为每斤1.31元，较上年提高，同时还继续实施生产者补贴政策，虽然从粮食安全的角度来有利于保障稻谷总产量、减少稻谷产量受市场价格波动的风险，但在理论上存在稻谷播种面积扩大导致供给过剩的风险。建议考虑东北地区不同粮食作物的联动效应制定相关引导种植结构调整的政策，否则可能造成因结构失衡导致的负面影响。

第二，不仅关注农户粮食种植面积增减的变化，也关注农户质量和风险意识的变化。第5章，东北地区种植业结构调整总体情况。从粮食作物数量（品种结构和区域布局）和质量两个方面来分析2016～2020年东北地区种植业结构调整总体情况。第7章，东北地区农户种植决策目标调整实证研究。主要考虑利润最大化、风险最小化、家庭劳动力投入最小化三个目标，运用农户多目标种植决策模型对小农户和规模经营农户种植决策目标的调整趋势及差异进行研究。第8章，东北地区家庭农场经营行为变化典型案例调查。为反映家庭农场质量和风险意识的变化，选取了购买玉米种子主要考虑的因素等 4 个指标。第 9 章，东北地区加工企业经营行为变化典型案例调查。用本企业 2016～2020 年采购的玉米质量较 2015 年之前的变化情况这个指标从加工企业层面反映玉米质量变化情况。

第三，数据时间长度可以客观反映农户种植决策行为的动态变化。第 6 章，东北地区玉米供给反应实证研究。利用 2008～2020 年辽宁省、吉林省、黑龙江省三省省级面板数据。第 7 章，东北地区农户种植决策目标调整实证研究。利用中国农业科学院农业经济与发展研究所中国农村微观经济数据库中吉林省 2014 年、2016 年、2018 年、2020 年四期的农户面板调查数据。第 8 章，东北地区家庭农场经营行为变化典型案例调查。利用辽宁省朝阳市 H 县以玉米种植为主的 22 家省级示范家庭农场 2016～2020 年的面板调查数据。第 9 章，东北地区加工企业经营行为变化典型案例调查。利用东北地区 4 家玉米加工企业 2016～2020 年的面板调查数据。

10.3.2 今后研究方向

第一，粮食收储制度改革目前主要指玉米收储制度改革，玉米由市场定价后，小麦、稻谷的改革如不能相继跟进就会破坏粮食品种之间的合理比价关系，可能使粮食供求在品种上产生更为严重的结构性矛盾。今后需要密切关注其他粮食品种收储制度改革进展情况，丰富已有的研究。

第二，玉米收储制度改革以来国内外价差缩小，进口玉米价格优势逐渐消失，饲料粮刚性需求成为驱动我国玉米进口规模在 2020 年、2021 年大幅增加的最主要因素，未来我国粮食安全的主要问题是保障畜产品安全供给带来的饲料粮短缺问题。因此，在更高水平开放的新阶段，我国饲料粮供给安全的保障问题尚需深入研究。

附录 A 省级示范家庭农场调查问卷

一、基本情况

1. 家庭农场名称_____

2. 成立时间_____年

3. 家庭农场主年龄____岁（周岁）；文化程度____

0 = 小学及以下；1 = 初中；2 = 高中及以上

4. 经营类型：____

0 = 种植业；1 = 畜牧业；2 = 种养结合

5. 是否兼业（家庭成员短期或长期外出打工）____

0 = 是；1 = 否

6. 是否雇工（短期和长期雇工）____

0 = 是；1 = 否

7. 是否加入合作社____

0 = 是；1 = 否　若是，_____年

8. 2016～2020 年家庭农场土地经营情况

2016 年	2017 年	2018 年	2019 年	2020 年
（1）经营面积_____亩	（1）经营面积_____亩	（1）经营面积_____亩	（1）经营面积_____亩	（1）经营面积_____亩
（2）流转面积_____亩	（2）流转面积_____亩	（2）流转面积_____亩	（2）流转面积_____亩	（2）流转面积_____亩
（3）若流转土地，流转费用_____元/亩	（3）若流转土地，流转费用_____元/亩	（3）若流转土地，流转费用_____元/亩	（3）若流转土地，流转费用_____元/亩	（3）若流转土地，流转费用_____元/亩
（4）若流转，是否签订合同_____ 0 = 是；1 = 否	（4）若流转，是否签订合同_____ 0 = 是；1 = 否	（4）若流转，是否签订合同_____ 0 = 是；1 = 否	（4）若流转，是否签订合同_____ 0 = 是；1 = 否	（4）若流转，是否签订合同_____ 0 = 是；1 = 否
（5）若签订合同，_____年	（5）若签订合同，_____年	（5）若签订合同，_____年	（5）若签订合同，_____年	（5）若签订合同，_____年
（6）流转土地用途_____	（6）流转土地用途_____	（6）流转土地用途_____	（6）流转土地用途_____	（6）流转土地用途_____

9. 2016～2020 年家庭农场经营情况

2016 年	2017 年	2018 年	2019 年	2020 年
(1)_____ 0 = 盈利;1 = 持平;2 = 亏损 (2)若盈利,种植业占____%,养殖业占____% (3)若亏损,原因 _____ _____(请说明) (4)种植的农作物品种 (5)养殖的牲畜品种_____	(1)_____ 0 = 盈利;1 = 持平;2 = 亏损 (2)若盈利,种植业占____%,养殖业占____% (3)若亏损,原因 _____ _____(请说明) (4)种植的农作物品种 (5)养殖的牲畜品种_____	(1)_____ 0 = 盈利;1 = 持平;2 = 亏损 (2)若盈利,种植业占____%,养殖业占____% (3)若亏损,原因 _____ _____(请说明) (4)种植的农作物品种 (5)养殖的牲畜品种_____	(1)_____ 0 = 盈利;1 = 持平;2 = 亏损 (2)若盈利,种植业占____%,养殖业占____% (3)若亏损,原因 _____ _____(请说明) (4)种植的农作物品种 (5)养殖的牲畜品种_____	(1)_____ 0 = 盈利;1 = 持平;2 = 亏损 (2)若盈利,种植业占____%,养殖业占____% (3)若亏损,原因 _____ _____(请说明) (4)种植的农作物品种 (5)养殖的牲畜品种_____

二、玉米生产情况

10. 2016～2020 年玉米种植情况

2016 年	2017 年	2018 年	2019 年	2020 年
(1)粮食作物__ ____亩 (2)玉米____亩,平均单产____斤/亩,合计____斤 (3)玉米是否自用____ 0 = 是;1 = 否 若自用,自用比例____% (4)是否订单种植____ 0 = 是;1 = 否 若是,订单面积____亩 (5)是否拿到玉米生产者补贴__ 0 = 是;1 = 否 若是,____元/亩,合计____元	(1)粮食作物__ ____亩 (2)玉米____亩,平均单产____斤/亩,合计____斤 (3)玉米是否自用____ 0 = 是;1 = 否 若自用,自用比例____% (4)是否订单种植____ 0 = 是;1 = 否 若是,订单面积____亩 (5)是否拿到玉米生产者补贴__ 0 = 是;1 = 否 若是,____元/亩,合计____元	(1)粮食作物__ ____亩 (2)玉米____亩,平均单产____斤/亩,合计____斤 (3)玉米是否自用____ 0 = 是;1 = 否 若自用,自用比例____% (4)是否订单种植____ 0 = 是;1 = 否 若是,订单面积____亩 (5)是否拿到玉米生产者补贴__ 0 = 是;1 = 否 若是,____元/亩,合计____元	(1)粮食作物__ ____亩 (2)玉米____亩,平均单产____斤/亩,合计____斤 (3)玉米是否自用____ 0 = 是;1 = 否 若自用,自用比例____% (4)是否订单种植____ 0 = 是;1 = 否 若是,订单面积____亩 (5)是否拿到玉米生产者补贴__ 0 = 是;1 = 否 若是,____元/亩,合计____元	(1)粮食作物__ ____亩 (2)玉米____亩,平均单产____斤/亩,合计____斤 (3)玉米是否自用____ 0 = 是;1 = 否 若自用,自用比例____% (4)是否订单种植____ 0 = 是;1 = 否 若是,订单面积____亩 (5)是否拿到玉米生产者补贴__ 0 = 是;1 = 否 若是,____元/亩,合计____元

11. 2016～2020 年玉米生产成本情况

2016 年	2017 年	2018 年	2019 年	2020 年
（1）种子、化肥、农药等投入 ____ 元/亩	（1）种子、化肥、农药等投入 ____ 元/亩	（1）种子、化肥、农药等投入 ____ 元/亩	（1）种子、化肥、农药等投入 ____ 元/亩	（1）种子、化肥、农药等投入 ____ 元/亩
（2）是否购买农机具、新建仓库（圈舍）等 ____ 0 = 是；1 = 否 若是，投入 ____ ____ 元	（2）是否购买农机具、新建仓库（圈舍）等 ____ 0 = 是；1 = 否 若是，投入 ____ ____ 元	（2）是否购买农机具、新建仓库（圈舍）等 ____ 0 = 是；1 = 否 若是，投入 ____ ____ 元	（2）是否购买农机具、新建仓库（圈舍）等 ____ 0 = 是；1 = 否 若是，投入 ____ ____ 元	（2）是否购买农机具、新建仓库（圈舍）等 ____ 0 = 是；1 = 否 若是，投入 ____ ____ 元
（3）家庭自己共投入劳动力 ____ 个	（3）家庭自己共投入劳动力 ____ 个	（3）家庭自己共投入劳动力 ____ 个	（3）家庭自己共投入劳动力 ____ 个	（3）家庭自己共投入劳动力 ____ 个
（4）是否雇工 ____ 0 = 是；1 = 否 若是，支付 ____ ____ 元	（4）是否雇工 ____ 0 = 是；1 = 否 若是，支付 ____ ____ 元	（4）是否雇工 ____ 0 = 是；1 = 否 若是，支付 ____ ____ 元	（4）是否雇工 ____ 0 = 是；1 = 否 若是，支付 ____ ____ 元	（4）是否雇工 ____ 0 = 是；1 = 否 若是，支付 ____ ____ 元
（5）流转的土地是否种植玉米 ____ 0 = 是；1 = 否 若是，____ 亩	（5）流转的土地是否种植玉米 ____ 0 = 是；1 = 否 若是，____ 亩	（5）流转的土地是否种植玉米 ____ 0 = 是；1 = 否 若是，____ 亩	（5）流转的土地是否种植玉米 ____ 0 = 是；1 = 否 若是，____ 亩	（5）流转的土地是否种植玉米 ____ 0 = 是；1 = 否 若是，____ 亩

三、玉米销售情况

12. 2016～2020 年玉米销售情况

2016 年	2017 年	2018 年	2019 年	2020 年
（1）是否烘干后出售 ____ 0 = 是；1 = 否 （2）是否多次出售 ____ 0 = 是；1 = 否 若是，原因 ____	（1）是否烘干后出售 ____ 0 = 是；1 = 否 （2）是否多次出售 ____ 0 = 是；1 = 否 若是，原因 ____	（1）是否烘干后出售 ____ 0 = 是；1 = 否 （2）是否多次出售 ____ 0 = 是；1 = 否 若是，原因 ____	（1）是否烘干后出售 ____ 0 = 是；1 = 否 （2）是否多次出售 ____ 0 = 是；1 = 否 若是，原因 ____	（1）是否烘干后出售 ____ 0 = 是；1 = 否 （2）是否多次出售 ____ 0 = 是；1 = 否 若是，原因 ____
（3）平均出售价格 ____ 元/斤，最低出售价格 ____ 元/斤，最高出售价格 ____ 元/斤	（3）平均出售价格 ____ 元/斤，最低出售价格 ____ 元/斤，最高出售价格 ____ 元/斤	（3）平均出售价格 ____ 元/斤，最低出售价格 ____ 元/斤，最高出售价格 ____ 元/斤	（3）平均出售价格 ____ 元/斤，最低出售价格 ____ 元/斤，最高出售价格 ____ 元/斤	（3）平均出售价格 ____ 元/斤，最低出售价格 ____ 元/斤，最高出售价格 ____ 元/斤

续表

2016 年	2017 年	2018 年	2019 年	2020 年
(4)主要销售渠道___ 0 = 上门收购小商贩;1 = 自己送到大商贩;2 = 自己送到加工企业;其他 _____	(4)主要销售渠道___ 0 = 上门收购小商贩;1 = 自己送到大商贩;2 = 自己送到加工企业;其他 _____	(4)主要销售渠道___ 0 = 上门收购小商贩;1 = 自己送到大商贩;2 = 自己送到加工企业;其他 _____	(4)主要销售渠道___ 0 = 上门收购小商贩;1 = 自己送到大商贩;2 = 自己送到加工企业;其他 _____	(4)主要销售渠道___ 0 = 上门收购小商贩;1 = 自己送到大商贩;2 = 自己送到加工企业;其他 _____
(5)是否有固定销售渠道___ 0 = 是;1 = 否 (6)是否及时收到销售款___ 0 = 是;1 = 否 (7)是否优质优价_____ 0 = 是;1 = 否 (8)是否存在卖难问题____ 0 = 是;1 = 否 (9)是否及时获取市场价格信息 _____ 0 = 是;1 = 否	(5)是否有固定销售渠道___ 0 = 是;1 = 否 (6)是否及时收到销售款___ 0 = 是;1 = 否 (7)是否优质优价_____ 0 = 是;1 = 否 (8)是否存在卖难问题____ 0 = 是;1 = 否 (9)是否及时获取市场价格信息 _____ 0 = 是;1 = 否	(5)是否有固定销售渠道___ 0 = 是;1 = 否 (6)是否及时收到销售款___ 0 = 是;1 = 否 (7)是否优质优价_____ 0 = 是;1 = 否 (8)是否存在卖难问题____ 0 = 是;1 = 否 (9)是否及时获取市场价格信息 _____ 0 = 是;1 = 否	(5)是否有固定销售渠道___ 0 = 是;1 = 否 (6)是否及时收到销售款___ 0 = 是;1 = 否 (7)是否优质优价_____ 0 = 是;1 = 否 (8)是否存在卖难问题____ 0 = 是;1 = 否 (9)是否及时获取市场价格信息 _____ 0 = 是;1 = 否	(5)是否有固定销售渠道___ 0 = 是;1 = 否 (6)是否及时收到销售款___ 0 = 是;1 = 否 (7)是否优质优价_____ 0 = 是;1 = 否 (8)是否存在卖难问题____ 0 = 是;1 = 否 (9)是否及时获取市场价格信息 _____ 0 = 是;1 = 否

四、市场和风险意识

13. 购买玉米种子时主要考虑的因素_____ （请排序）

0 = 产量;1 = 抗病虫害;2 = 市场需要的;3 = 其他_____ （请说明）

14. 是否轮作_____

0 = 是;1 = 否

若是，轮作模式_____（请说明）

15. 您最想获取的信息_____（请说明）

16. 您获取信息的渠道_____ （请排序）

0 = 微信群；1 = 互联网；2 = 广播电视；3 = 政府宣传；3 = 农户；5 = 其他_____（请说明）

17. 2016～2020 年购买农业保险情况

2016 年	2017 年	2018 年	2019 年	2020 年
(1)是否购买农业保险(种植业、畜牧业、地方特色农产品)____ 0 = 是；1 = 否 若是,具体名称 _____	(1)是否购买农业保险(种植业、畜牧业、地方特色农产品)____ 0 = 是；1 = 否 若是,具体名称 _____	(1)是否购买农业保险(种植业、畜牧业、地方特色农产品)____ 0 = 是；1 = 否 若是,具体名称 _____	(1)是否购买农业保险(种植业、畜牧业、地方特色农产品)____ 0 = 是；1 = 否 若是,具体名称 _____	(1)是否购买农业保险(种植业、畜牧业、地方特色农产品)____ 0 = 是；1 = 否 若是,具体名称 _____
(2)是否愿意购买农业保险____ 0 = 是；1 = 否 具体原因_____	(2)是否愿意购买农业保险____ 0 = 是；1 = 否 具体原因_____	(2)是否愿意购买农业保险____ 0 = 是；1 = 否 具体原因_____	(2)是否愿意购买农业保险____ 0 = 是；1 = 否 具体原因_____	(2)是否愿意购买农业保险____ 0 = 是；1 = 否 具体原因_____

18. 您认为取消玉米临时收储政策对家庭农场经营的影响_____

0 = 好；1 = 没影响；2 = 不好

若选择 0 和 2，主要原因是_____（请说明）

19. 您选择种植玉米主要考虑哪些因素_____（请排序）

0 = 市场价格；1 = 有补贴；2 = 好销售；3 = 缺劳动力；4 = 其他_____（请说明）

20. 如果取消玉米生产者补贴，您认为家庭农场玉米种植面积是否会大幅减少吗_____

0 = 是；1 = 否

若否，主要原因_____（请说明）

附录 B 玉米加工企业调查问卷

1. 本企业经营范围_____

2. 本企业注册地址_____

3. 本企业成立时间_____年；注册资金_____万元；固定职工_____
____人

4. 本企业年加工能力为_____万吨

5. 本企业是否享受过玉米深加工企业补贴或饲料加工企业补贴政
策_____

0 = 是；1 = 否

6. 本企业玉米成本占原料成本的比例____%

7. 本企业 2016～2020 年生产规模变化情况

	2016 年	2017 年	2018 年	2019 年	2020 年
较上年 是否变化	____ 0 = 不变；1 = 扩大；2 = 缩小	____ 0 = 不变；1 = 扩大；2 = 缩小	____ 0 = 不变；1 = 扩大；2 = 缩小	____ 0 = 不变；1 = 扩大；2 = 缩小	____ 0 = 不变；1 = 扩大；2 = 缩小

若本企业 2016～2020 年生产规模发生了变化，主要原因是_____
_____（请说明）

8. 本企业 2016～2020 年开工率

	2016 年	2017 年	2018 年	2019 年	2020 年
开工率（%）					

本企业 2016～2020 年开工率总体较 2015 年之前_____

0 = 提高；1 = 不变；2 = 降低

9. 本企业 2016～2020 年玉米采购量

采购量（吨）	2016 年	2017 年	2018 年	2019 年	2020 年

本企业 2016～2020 年年均玉米采购量较 2015 年之前_____

0 = 增加；1 = 不变；2 = 减少

10. 本企业 2016～2020 年玉米采购来源

来源	2016 年	2017 年	2018 年	2019 年	2020 年
	省外占____%；省内占____%；省内主要来源地____、____、____	省外占____%；省内占____%；省内主要来源地____、____、____	省外占____%；省内占____%；省内主要来源地____、____、____	省外占____%；省内占____%；省内主要来源地____、____、____	省外占____%；省内占____%；省内主要来源地____、____、____

本企业 2016～2020 年玉米采购来源较 2015 年之前的变化是_____

0 = 省内份额增加；1 = 不变；2 = 省外份额增加

若选择 0 和 2，主要原因是_____（请说明）

11. 本企业 2016～2020 年玉米采购渠道

渠道	2016 年	2017 年	2018 年	2019 年	2020 年
	向农民直接购买占____%向商贩购买占____%拍卖占____%其他占____%	向农民直接购买占____%向商贩购买占____%拍卖占____%其他占____%	向农民直接购买占____%向商贩购买占____%拍卖占____%其他占____%	向农民直接购买占____%向商贩购买占____%拍卖占____%其他占____%	向农民直接购买占____%向商贩购买占____%拍卖占____%其他占____%

本企业 2016～2020 年玉米采购渠道较 2015 年之前的变化是_____

0 = 向农民购买比例增加；1 = 不变；2 = 向商贩购买比例增加；3 = 其他_____（请说明）

若选择 0 和 2，主要原因是_____（请说明）

12. 本企业 2016～2020 年玉米采购次数和价格

	2016 年	2017 年	2018 年	2019 年	2020 年
次数和价格	共采购___次；平均采购价格___元/斤	共采购___次；平均采购价格___元/斤	共采购___次；平均采购价格___元/斤	共采购___次；平均采购价格___元/斤	共采购___次；平均采购价格___元/斤

本企业 2016～2020 年玉米采购次数较 2015 年之前的变化是_____

0 = 增加；1 = 不变；2 = 减少

本企业 2016～2020 年玉米采购价格波动情况较 2015 年之前的变化是

_____

0 = 波动大；1 = 一样；2 = 波动小

若选择 0 和 2，主要原因是_____

_____（请说明）

13. 本企业 2016～2020 年采购的玉米质量较 2015 年之前的变化是_____

0 = 比之前好；1 = 一样；2 = 比之前差

14. 本企业 2016～2020 年经营状况

	2016 年	2017 年	2018 年	2019 年	2020 年
经营状况	是否盈利___ 0 = 盈利；1 = 持平；2 = 亏损	是否盈利___ 0 = 盈利；1 = 持平；2 = 亏损	是否盈利___ 0 = 盈利；1 = 持平；2 = 亏损	是否盈利___ 0 = 盈利；1 = 持平；2 = 亏损	是否盈利___ 0 = 盈利；1 = 持平；2 = 亏损

15. 您认为本企业 2016～2020 年经营状况主要和以下什么哪些因素有关_____（请排序）

0 = 玉米采购成本；1 = 产品销售价格；2 = 人工成本；3 = 厂房、机器成本等；4 = 其他_____（请说明）

16. 您认为取消玉米临时收储政策对企业经营的影响_____

0 = 好；1 = 没影响；2 = 不好

若选择 0 和 2，主要原因是_____（请说明）

17. 您认为取消玉米临时收储政策对农民收入的影响_____

0 = 好；1 = 没影响；2 = 不好

若选择 0 和 2，主要原因是_____（请说明）

18. 您认为农民选择种植玉米的主要影响因素有哪些_____

（请排序）

0 = 市场价格；1 = 有补贴；2 = 好销售；3 = 缺劳动力；4 = 其他_____

_____（请说明）

附录 C 中国农业科学院农业经济与发展研究所 中国农村微观经济数据指标和抽样概况

此项数据调查从 2011 年开始计划实施，2012 年开始进行数据调查。通过组织专家设计数据调查表，调查内容以农户数据为主，辅以村、县经济发展数据。通过填写农户调查表和行政村调查表的形式进行数据采集。其中农户调查表主要包括农户家庭基本情况、农户家庭生成情况、农户家庭收支情况、其他四部分组成，涉及数据指标 344 个；行政村调查表主要包括行政村基本情况、行政村经济发展、行政村村庄治理、行政村社会发展、行政村生态建设五部分组成，涉及数据指标 307 个。

微观数据采集固定观察点按照《中国统计年鉴》的区域划分方法将 31 个省、自治区、直辖市（不包括香港、澳门、台湾）分别归入华北地区、东北地区、华东地区、中南地区、西南地区和西北地区。2012 年开始按照各省份 2008 ~ 2010 年农民人均纯收入的均值对各地区的省份进行排序，分别从各地区选择均值位于中间的省份。2012 年选取了河北省、河南省、福建省、吉林省、陕西省、云南省、山东省、新疆维吾尔自治区 8 省（区）。其中除了新疆维吾尔自治区以外的 7 省份，每个省份选取 3 个市（县），每个市（县）中再选取 3 个行政村，每个行政村选取 20 户进行问卷调查。新疆维吾尔自治区选取了 7 个市（县），54 个行政村，对总共 810 户农户进行数据采集。目前数据采集涉及 8 省份 28 个市（县）、117 个行政村、4590 户农户。2018 年新增了安徽省、黑龙江省、新疆生产建设兵团、湖南省、四川省。除新疆生产建设兵团外，每个省份依旧选取 3 个市（县），每个市（县）中再选取 3 个行政村，每个行政村选取 20 户进行问卷调查，新疆生产建设兵团选取了共计 200 户农户参与，新增调查农户 2360，行政村 84 个，参与的农户数为 6950 户，行政村数为 201 个。2020 年又新增了浙江省和广东省的数据，每个市（县）中再选取 3 个行政村，每个行政村选取 20 户进行问卷调查，参与的农户数为 8030 户，行政村数为 255 个。

附录 D 2011～2017 年全国和东北地区根据第三次全国农业普查结果部分数据修正情况

地区	指标	2011 年 修正前	2011 年 修正后	2012 年 修正前	2012 年 修正后	2013 年 修正前	2013 年 修正后	2014 年 修正前	2014 年 修正后	2015 年 修正前	2015 年 修正后	2016 年 修正前	2016 年 修正后	2017 年 修正前	2017 年 修正后
全国	粮食播种面积（万亩）	165859.5	169470.5	166807.5	171552.1	167934.0	173861.3	169084.5	176182.8	170014.5	178444.2	169551.0	178845.1	168329.4	176983.6
	粮食总产量（万吨）	57120.8	58849.3	58958.0	61222.6	60193.8	63048.2	60702.6	63964.8	62143.9	66060.3	61625.0	66043.5	61790.7	66160.7
	玉米播种面积（万亩）	50313.0	55149.8	52545.0	58663.8	54477.0	61948.8	55684.5	64495.2	57178.5	67452.6	55152.0	66266.4	53167.8	63598.5
	稻谷播种面积（万亩）	45085.5	45507.6	45205.5	45714.0	45468.0	46064.6	45465.0	46147.7	45324.0	46176.1	45267.0	46118.8	45264.0	46120.8
辽宁省	农作物播种面积（万亩）	6534.3	5996.3	6542.0	6143.3	6313.1	6231.6	6246.2	6329.7	6329.7	6503.2	6096.2	6364.1	6258.5	6258.5
	粮食播种面积（万亩）	4754.7	4903.7	4826.0	5039.3	4839.6	5118.6	4852.7	5220.4	4946.1	5407.9	4847.1	5272.5	4840.8	5201.2
	粮食总产量（万吨）	2035.5	2103.9	2070.5	2175.0	2195.6	2353.3	1753.9	1873.2	2002.5	2186.6	2100.6	2315.6	2137.0	2330.7
	玉米播种面积（万亩）	3201.9	3558.3	3310.1	3756.9	3368.4	3904.7	3495.1	4138.0	3625.2	4383.6	3388.4	4184.7	3269.6	4038.0
	稻谷播种面积（万亩）	989.4	910.5	992.7	898.5	973.8	866.9	843.2	738.2	817.4	703.8	843.8	714.6	872.6	739.0
吉林省	农作物播种面积（万亩）	7833.5	7945.8	7973.3	8148.0	8119.7	8449.4	8423.0	8835.8	8518.8	8996.9	8514.5	9095.0	9129.3	9129.3
	粮食播种面积（万亩）	6817.7	7149.6	6915.5	7337.0	7184.9	7698.2	7501.1	8117.6	7617.0	8301.2	7532.6	8313.6	7535.0	8315.9
	粮食总产量（万吨）	3171.0	3231.8	3343.0	3450.2	3551.0	3763.3	3532.8	3800.1	3647.0	3974.1	3717.2	4150.7	3720.0	4154.0
	玉米播种面积（万亩）	4701.3	5010.3	4926.5	5301.3	5248.7	5712.3	5544.9	6094.1	5700.0	6376.7	5485.4	6363.0	5384.6	9565.0
	稻谷播种面积（万亩）	1037.0	1046.6	1051.8	4067.4	1090.1	1109.1	1120.7	1135.5	1142.6	1168.2	1171.1	1200.3	1213.2	1231.2
黑龙江省	农作物播种面积（万亩）	21729.0	20624.4	21990.0	20894.5	22016.7	21318.0	22162.5	21746.5	22192.9	22217.8	22091.9	22244.2	22151.4	22151.4
	粮食播种面积（万亩）	20638.5	19246.3	20913.0	19818.3	21055.5	20363.3	21340.2	20952.3	21491.6	21424.6	21147.2	21302.7	21231.4	21231.4
	粮食总产量（万吨）	5570.6	6212.6	5761.3	6598.6	6004.1	7055.1	6242.2	7403.8	6324.0	7615.8	6058.5	7416.1	6018.8	7410.3
	玉米播种面积（万亩）	8856.0	7769.6	9922.5	9150.8	10648.7	9856.8	9963.5	10061.7	11584.0	11041.7	9663.9	9792.6	8794.2	8794.2
	稻谷播种面积（万亩）	5172.0	5156.0	5730.0	5446.1	6046.4	5791.2	5994.9	5952.7	5763.8	5877.5	5715.4	5888.0	5923.3	5923.3

资料来源：《辽宁省统计年鉴》（2017 年、2018 年）、《吉林省统计年鉴》（2017 年、2018 年）、《黑龙江省统计年鉴》（2017 年、2018 年），《2017 年辽宁省国民经济和社会发展统计公报》、《吉林省 2017 年国民经济和社会发展统计公报》、《2017 年黑龙江省国民经济和社会发展统计公报》。

主要参考文献

［1］蔡颖萍，杜志雄. 玉米临时收储政策调整对家庭农场土地流转租金的影响分析［J］. 中国农村观察，2020（4）：114－129.

［2］曹丹，白林燕，冯建中，景海涛，李华林，张倩，张沛，孙金珂. 东北三省稻谷种植面积时空变化监测与分析［J］. 江苏农业科学，2018（10）：260－265.

［3］曹慧，张玉梅，孙昊. 粮食最低收购价政策改革思路与影响分析［J］. 中国农村经济，2017（11）：33－46.

［4］陈锡文. 落实发展新理念 破解农业新难题［J］. 农业经济问题，2016（3）：4－10.

［5］陈艳红，胡胜德. 农户优质稻米种植意愿分析——基于黑龙江省359个普通稻谷种植户的调查［J］. 农业技术经济，2014（10）：106－110.

［6］陈印军，王琦琪，向雁. 我国玉米生产地位、优势与自给率分析［J］. 中国农业资源与区划，2019（1）：7－16.

［7］陈雨生，王艳梅. 中国与RCEP成员国农产品贸易结构、效率及影响因素研究［J］. 世界农业，2021（12）：72－83，106.

［8］程国强. 我国粮价政策改革的逻辑与思路［J］. 农业经济问题，2016（2）：4－9.

［9］仇焕广，李新海，余嘉玲. 中国玉米产业：发展趋势与政策建议［J］. 农业经济问题，2021（7）：4－16.

［10］戴晓红. 浅析2019年黑龙江省稻谷收获质量［J］. 黑龙江省粮食，2019（11）：54－55.

175

［11］丁金梅，杨奎，马彩虹，文琦．中国粮食产量时空格局演变研究［J］．干旱区地理，2017（6）：1290－1297．

［12］丁金梅，杨奎，马彩虹，文琦．中国粮食产量时空格局演变研究［J］．干旱区地理（汉文版），2017（6）：1290－1297．

［13］杜志雄，高鸣，韩磊．供给侧进口端变化对中国粮食安全的影响研究［J］．中国农村经济，2021（1）：15－30．

［14］范垄基，穆月英，付文革，陈阜．基于Nerlove模型的我国不同粮食作物的供给反应［J］．农业技术经济，2012（12）：4－11．

［15］高鸣，寇光涛，何在中．中国稻谷收储制度改革研究：新挑战与新思路［J］．南京农业大学学报，2018（5）：131－137．

［16］高鸣，习银生．东北地区粮食政策联动机制构建［J］．华南农业大学学报（社会科学版），2018（4）：25－33．

［17］顾莉丽，郭庆海，高璐．我国玉米收储制度改革的效应及优化研究——对吉林省的个案调查［J］．经济纵横，2018（4）：106－112．

［18］国家统计局住户调查办公室主任方晓丹：全国居民收入比2010年增加一倍 居民消费支出稳步恢复［EB/OL］．经济日报－中国经济网，2021－01－19．

［19］韩俊．实施乡村振兴战略五十题［M］．北京：人民出版社，2018．

［20］韩杨．中美农业支持政策的演变与完善——基于WTO《农业协定》影响的对比［J］．国际经济评论，2021（6）：7，117－140．

［21］胡鞍钢，周绍杰．鄢一龙．"十四五"大战略与2035远景［M］．北京：东方出版社，2020．

［22］胡迪，杨向阳．后疫情时代保障粮食安全的政策取向与策略选择［J］．农业经济问题，2021（1）：41－53．

［23］黄季焜．对近期与中长期中国粮食安全的再认识［J］．农业经济问题，2021（1）：19－25．

［24］黄宗智．长江三角洲的小农家庭与乡村发展［M］．北京：中华

书局，2000.

[25] 江小涓. 立足国情与时代，探索开放促发展促改革之道路 [J].
经济研究，2021（6）：16 − 22.

[26] 林大燕，朱晶. 从供应弹性的视角看我国主要农作物种植结构
变化原因 [J]. 农业技术经济，2015（1）：33 − 41.

[27] 刘大千，刘世薇，温鑫. 东北地区粮食生产结构时空演变 [J].
经济地理，2019（5）：163 − 169.

[28] 刘宏曼，郭鉴硕. 基于 Nerlove 模型的我国大豆供给反应实证分
析 [J]. 华中农业大学学报（社会科学版），2017（6）：44 − 50.

[29] 刘慧，秦富. 粮食收储制度改革以来东北地区粮食质量提升情
况与政策建议 [J]. 经济纵横，2019（12）：99 − 106.

[30] 刘慧，秦富."十三五"时期东北地区种植业结构调整进展与
"十四五"时期推进路径 [J]. 经济纵横，2021（2）：82 − 89.

[31] 刘慧，秦富，赵一夫. 玉米收储制度改革背景下北方旱作区农
户杂粮种植影响因素分析——基于内蒙古自治区、辽宁省 411 个农户的调
查数据 [J]. 中国农业资源与区划，2018（4）：1 − 6.

[32] 刘慧，薛凤蕊，周向阳，刘福江，赵一夫. 玉米收储制度改革
对东北主产区农户种植结构调整意愿的影响——基于吉林省 359 个农户的
调查数据 [J]. 中国农业大学学报，2018（11）：193 − 201.

[33] 刘靖文，侯丽薇，杨艳涛. 中国玉米供需平衡及国际市场可利
用性分析 [J]. 中国农业资源与区划，2021（4）：126 − 133.

[34] 刘俊杰，周应恒. 我国小麦供给反应研究——基于小麦主产省
的实证 [J]. 农业技术经济，2011（2）：40 − 45.

[35] 刘文霞，杜志雄，郜亮亮. 玉米收储制度改革对家庭农场加入
合作社行为影响的实证研究：基于全国家庭农场监测数据 [J]. 中国农村
经济，2018（4）：13 − 27.

[36] 刘一明. 推动饲料配方多元化 确保饲料粮有效供给 [N]. 农民
日报，2021 − 05 − 08.

[37] 马英辉, 蔡海龙. 多重临时收储政策对东北地区大豆种植面积的替代效应 [J]. 哈尔滨工业大学学报, 2017 (3): 114-121.

[38] 孟雪, 李宾. 多目标决策分析模型及应用研究 [J]. 现代管理科学, 2013 (7): 42-44.

[39] 孟召娣, 李国祥. 中国粮食产需平衡的时空格局演变分析——基于粮食用途和省域层面的视角 [J]. 农业现代化研究, 2020 (6): 32-40.

[40] 庞辉. 农业补贴政策认知与农户农业经营行为关系研究 [M]. 北京: 清华大学出版社, 2016.

[41] 普蓂喆, 钟钰. 市场化导向下的中国粮食收储制度改革: 新风险及应对举措 [J]. 农业经济问题, 2019 (7): 10-18.

[42] 钱文荣, 王大哲. 如何稳定我国玉米供给——基于省际动态面板数据的实证分析 [J]. 农业技术经济, 2015 (1): 22-32.

[43] 阮荣平, 刘爽, 刘力, 郑风田. 玉米收储制度改革对家庭农场经营决策的影响: 基于全国 1942 家家庭农场两期跟踪调查数据 [J]. 中国农村观察, 2020 (4): 109-128.

[44] 宋洪远, 高鸣. 挑战与选择: 中国稻谷收储政策改革 [M]. 北京: 经济管理出版社, 2019.

[45] 王凤, 刘艳芳, 孔雪松, 陈奕云, 潘佳威. 中国县域粮食产量时空演变及影响因素变化 [J]. 经济地理, 2018 (5): 142-151.

[46] 王莉, 赵一夫, 刘慧. 粮食定价机制改革背景下农户生产决策行为研究 [J]. 经济与管理, 2019 (3): 36-42.

[47] 王秋霖, 张宁宁, 刘慧. 市场化改革背景下我国玉米供给反应实证研究——基于 2008—2019 年东北三省省级面板数据 [J]. 中国农业资源与区划, 2021 (10): 145-152.

[48] 魏后凯, 杜志雄. 中国农村发展报告 (2021): 面向 2035 年的农业农村现代化 [M]. 北京: 中国社会科学出版社, 2021.

[49] 武舜臣, 胡凌啸. 粮食收储政策的阶段性收紧及其影响: 历史回顾与启示 [J]. 山西农业大学学报, 2021 (3): 51-57.

［50］熊学振，杨春．中国粮食安全再认识：饲料粮的供需状况、自给水平与保障策略［J］．世界农业，2021（8）：4－12.

［51］徐春春，纪龙，陈中督，方福平．2021年我国稻谷产业形势分析及2022年展望［J］．中国稻米，2022（2）：16－19.

［52］徐春春，纪龙，陈中督，方福平．2020年我国稻谷产业形势分析及2021年展望［J］．中国稻米，2021（2）：1－4.

［53］徐春春，纪龙，陈中督，方福平．2017年我国稻谷产业形势分析及2018年展望［J］．中国稻米，2018（2）：5－7.

［54］徐春春，纪龙，陈中督，方福平．中国稻谷生产、市场与进出口贸易的回顾与展望［J］．中国稻米，2021（4）：17－21.

［55］徐春春，纪龙，陈中督，周锡跃，方福平．2019年我国稻谷产业形势分析及2020年展望［J］．中国稻米，2020（2）：1－4.

［56］徐春春，纪龙，陈中督，周锡跃，方福平．2018年我国稻谷产业形势分析及2019年展望［J］．中国稻米，2019（2）：1－3.

［57］许鹤，顾莉丽，刘帅．收储制度改革下吉林省玉米产业发展研究［J］．玉米科学，2021（4）：175－180.

［58］杨军，钱福凤，董婉璐，李明，王晓兵．关税配额管理对国内玉米产业的影响分析［J］．农业技术经济，2014（11）：75－81.

［59］杨艳涛，秦富．"十三五"时期我国饲料粮供需与进口再平衡调控政策选择［J］．经济纵横，2017（2）：104－109.

［60］叶兴庆．加入WTO以来中国农业的发展态势与战略性调整［J］．改革，2020（5）：5－24.

［61］叶兴庆．我国农业支持政策转型：从增产导向到竞争力导向［J］．改革，2017（3）：19－34.

［62］张晶，王录安，陶莎．收储制度改革提高粮食加工企业经营效益了吗？——基于全国17省176家粮食加工企业的调查数据［J］．中国农业大学学报，2021（5）：194－207.

［63］张琳，李先德，孙东升．中国大麦供给影响因素分析［J］．中

国农村经济, 2014 (5): 29 - 35.

[64] 张雪, 周密. 农户种植结构调整中的羊群效应: 以辽宁省玉米种植户为例 [J]. 华中农业大学学报, 2019 (4): 54 - 62.

[65] 张雪, 周密. 农户种植结构调整中的羊群效应——以辽宁省玉米种植户为例 [J]. 华中农业大学学报, 2019 (4): 60 - 68, 177 - 178.

[66] 赵金鑫, 潘彪, 田志宏. 价差驱动还是刚性需求: 中国饲料粮进口激增的动因分析 [J]. 农业经济问题, 2019 (5): 98 - 109.

[67] 赵金鑫, 田志宏, 高玉强. 中国饲料粮进口的产品替代性与市场竞争关系 [J]. 农业经济问题, 2021 (6): 111 - 122.

[68] 郑亚楠, 张凤荣, 谢臻, 张天柱, 李超, 王秀丽. 中国粮食生产时空演变规律与耕地可持续利用研究 [J]. 世界地理研究, 2019 (6): 120 - 131.

[69] 郑亚楠, 张凤荣, 谢臻, 张天柱, 李超, 王秀丽. 中国粮食生产时空演变规律与耕地可持续利用研究 [J]. 世界地理研究, 2019 (6): 120 - 131.

[70]《中国农业产业发展报告2021》发布 粮食安全有保障 [EB/OL]. 光明网, 2021 - 05 - 26.

[71] 钟真, 孔祥智. 市场信号、农户类型与农业生产经营行为的逻辑——来自鲁、晋、宁千余农户调查的证据 [J]. 中国人民大学学报, 2013 (5): 62 - 75.

[72] 周洲, 石奇. 托市政策下我国粮食供给反应实证分析——基于稻谷、小麦和玉米主产省的面板数据模型 [J]. 农林经济管理学报, 2018 (3): 43 - 52.

[73] 朱晶, 李天祥, 林大燕, 钟甫宁. "九连增"后的思考: 粮食内部结构调整的贡献及未来潜力分析 [J]. 农业经济问题, 2013 (11): 36 - 43.

[74] 朱晶, 李天祥, 臧星月. 高水平开放下我国粮食安全的非传统挑战及政策转型 [J]. 农业经济问题, 2021 (1): 27 - 40.

[75] 朱晓乐. 粮食收储制度改革: 动因, 成效与展望 [J]. 宏观经

济研究, 2018 (4): 119 – 123.

[76] Ajzen I. The Theory of Planned Behavior [J]. Research in Nursing and Health, 1991 (2): 137 – 144.

[77] Arsenio Balisacan, Ujjayant Chakravorty, Majah-Leah Ravago. Sustainable Economic Development: Resources, Environment, and Institutions [M]. New York: Academic Press, 2015.

[78] Barnum H, Squire L, World Bank. A Model of an Agricultural Household: Theory and Evidence [M]. New York: Johns Hopkins University Press, 1979.

[79] Bazzani G M. A Decision Support for an Integrated Multi-scale Analysis of Irrigation: DSIRR [J]. Journal of Environmental Management, 2005 (4): 301 – 314.

[80] Berchin I I, Nunes N A, De Amorim W S, et al. The Contributions of Public Policies for Strengthening Family Farming and Increasing Food Security: The Case of Brazil [J]. Land Use Policy, 2019, 82: 573 – 584.

[81] Braulke M. ANote on the Nerlove Model of Agricultural Supply Response [J]. International Economic Review, 1982, 23 (1): 241 – 244.

[82] Carl Zulauf, David Orden. The US Agricultural Act of 2014 Overview and Analysis [R]. IFPRI Discussion Paper 01393, December 2014: 4 – 11.

[83] Chandni Singh, Peter Dorward, Henny Osbahr. Developing a Holistic Approach to the Analysis of Farmer Decision-making: Implications for Adaptation Policy and Practice in Developing Countries [J]. Land Use Policy, 2016 (9): 329 – 343.

[84] Chayanov A V. The Theory of Peasant Economy [M]. Madison: University of Wisconsin Press, 1986.

[85] Ebata A, Hernandez M A. Linking Smallholder Farmers to Markets on Extensive and Intensive Margins: Evidence from Nicaragua [J]. Food Policy, 2017, 73: 34 – 44.

[86] Fan S, Brzeska J, Keyzer M, Halsema A. From Subsistence to Profit: Transforming Smallholder Farms [R]. Food Policy Report, Washington, DC, IFPRI, 2013.

[87] FAO. Policies and Institutes to Support Smallholder Agriculture [C]. Twenty-second Session, Committee on Agriculture, 16 – 19 June 2010, Rome.

[88] FAO. Smallholder Integration in Changing Food Markets [C]. Rome, 2013.

[89] FAO. The 2007 – 08 Rice Price Crisis-How Policies Drove up Prices and How They Can Help Stabilize the Market [R]. Policy Brief, 2011: 1 – 6.

[90] FAO. The State of Food and Agriculture-Innovation in Family Farming [C]. Rome, 2014.

[91] Gale F. Is China's Corn Market at a Turning Point?[R]. Electronic Outlook Report from the Economic Research Service, United States Department of Agriculture, 2004.

[92] Gómez-Limón J A, Riesgo L, Arriaza M. Multi-criteria Analysis of Input Use in Agriculture [J]. Journal of Agricultural Economics, 2004, 55 (3): 541 – 561.

[93] Gómez-Limón J A, Riesgo L. Irrigation Water Pricing: Differential Impacts on Irrigated Farms [J]. Agricultural Economics, 2004, 31: 47 – 66.

[94] Hobsbawm E J. Peasants in History [M]. Calcutta: Oxford University Press, 1980.

[95] Huylenbroeck G V, E M U Campos I. Vanslembrouck: A (Recursive) Multiple Objective Approach to Analyze Changes in the Utility Function of Farmers due to Policy Reforms [J]. Applied Mathematics and Computation, 2001, 122 (3): 283, 299.

[96] Iqbal F. The Demand and Supply of Funds among Agricultural Households in India, in Agricultural Household Models: Application and Policy

［M］. Baltimore：John Hopkins University Press，1986.

［97］Leonard B，Kinsella A，C O'Donoghue，et al. Policy Drivers of Farm Succession and Inheritance ［J］. Land Use Policy，2017，61：147 – 159.

［98］Lindon J Robison. An Appraisal of Expected Utility Hypothesis Tests Constructed from Responses to Hypothetical Questions and Experimental Choices ［J］. American Journal of Agricultural Economics，1982（2）：367 – 375.

［99］Nerlove M，Bachman K L. The Analysis of Changes in Agricultural Supply：Problems and Approaches ［J］. Journal of Farm Economics，1960，42（3）：531 – 554.

［100］OECD. Agricultural Policies in OECD Countries：Monitoring and Evaluation 2020 ［M］. Paris：OECD Publishing.

［101］OECD. Agricultural Policies in OECD Countries：Monitoring and Evaluation 2016 ［M］. Paris：OECD Publishing.

［102］OECD. Agricultural Policies in OECD Countries：Monitoring and Evaluation 2009 ［M］. Paris：OECD Publishing.

［103］Pope R，Prescott R. Diversification in Relation to Farm Size and Other Socioeconomic Characteristics ［J］. American Journal of Agricultural Economics，1980，62（3）：554 – 559.

［104］Rapsomanikis. The Economic Lives of Smallholder Farmers-An Analysis Based on Household Data from Nine Countries ［R］. FAO，Rome，2015.

［105］Rehman T，Romero C. The Application of the MCDM Paradigm to the Management of Agricultural Systems：Some Basic Considerations ［J］. Agricultural Systems，1993，41（3）：239 – 255.

［106］Taylor J E，Adelman I. Agricultural Household Models：Genesis，Evolution and Extensios ［J］. Review of Economics of the Household，2003（1）：33 – 58.

［107］Theodore W Schultz. Transforming Traditional Agriculture ［M］.

New Haven: Yale University Press, 1964.

［108］Zhang J, Mishra A Kand, Hirsch S. Market-oriented Agriculture and Farm Performance: Evidence from Rural China ［EB/OL］. Food Policy, 2021, 100 （C）.

图书在版编目（CIP）数据

市场化改革背景下农户种粮行为研究／刘慧著. --
北京：经济科学出版社，2022. 11
（中国农业科学院农业经济与发展研究所研究论丛.
第6辑）
ISBN 978 - 7 - 5218 - 4213 - 5

Ⅰ. ①市… Ⅱ. ①刘… Ⅲ. ①农户 - 粮食 - 种植 - 行
为 - 研究 - 东北地区 Ⅳ. ①F327. 3

中国版本图书馆CIP数据核字(2022)第209653号

责任编辑：初少磊　赵　芳
责任校对：王肖楠
责任印制：范　艳

市场化改革背景下农户种粮行为研究
SHICHANGHUA GAIGE BEIJINGXIA
NONGHU ZHONGLIANG XINGWEI YANJIU
刘　慧／著
经济科学出版社出版、发行　新华书店经销
社址：北京市海淀区阜成路甲 28 号　邮编：100142
总编部电话：010 - 88191217　发行部电话：010 - 88191540
网址：www. esp. com. cn
电子邮箱：esp@ esp. com. cn
天猫网店：经济科学出版社旗舰店
网址：http://jjkxcbs. tmall. com
北京季蜂印刷有限公司印装
710 × 1000　16 开　12. 25 印张　180000 字
2022 年 11 月第 1 版　2022 年 11 月第 1 次印刷
ISBN 978 - 7 - 5218 - 4213 - 5　定价：52. 00 元
（图书出现印装问题，本社负责调换。电话：010 - 88191545）
（版权所有　翻印必究　举报电话：010 - 88191586
电子邮箱：dbts@ esp. com. cn）